노년을
읽습니다

먼저 세상을 떠난 시어머니.

그리고 노년의 한 가운데에 있는 엄마, 아빠.

앞서 노년을 살아낸 그분들을 생각하며

곧이어 노년을 맞이할 마음으로 이 책을 썼습니다.

나이듦에 대한 인식이
시작되는 순간

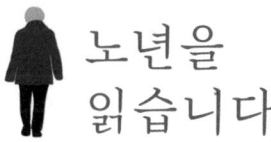
노년을
읽습니다

서민선 에세이

에르츠나인

일러두기

본문에 나오는 '어머니'는 작가가 평소 '시어머니'를 지칭할 때 사용하는 말이다. 작가의 '친정 어머니'는 '엄마'로 표기하였다.

들어가며

아기를 잘 돌보기 위한 책, 청소년과 잘 지내기 위한 책, 지친 청년을 위로하는 책, 많은 책이 있다. 우리는 인생의 각 단계를 잘 살아 보고자 절박하게 책을 찾는다.

내 아이를 잘 키우기 위해 책을 찾는 마음이라면, 내 부모의 노년을 위해서도 책을 찾을 수 있다. 더군다나 내 부모 다음은 나다. 책을 통해 부모를 깊이 이해하고 잘 관계할 수 있다면, 다가오는 나의 노년도 조금은 수월해지지 않을까? 나는 그런 마음으로 한 권, 두 권, 노년에 대한 책을 읽기 시작했다. 그렇게 읽다 보니 내가 읽는 책의 분야가 확장되는 것을 느꼈다.

모든 책에 노년이 있었다. 노년은 일상의 곳곳에, 어디에나 있고 어디에도 있었다. 다만 눈여겨보지 않았을 뿐이었다. 왜냐하면 서글프고 조금 마음이 불편했기 때문이다.

아직 노년에 이르지 않은 사람이라면 최대한 끝까지 생각을 미루고 싶은 노년. 영영 안 왔으면 하는 노년. 노년에 대한 나의 숙고는 집안의 노인으로부터 시작되었다.

아흔 살 즈음의 시어머니는 내가 가까이서 본 가장 늙은 사람이었다. 노인(老人)이란 '늙은 사람'이라는 뜻인데, 내 엄마와 아빠는 아직 '젊은 노인', 즉 6~70대를 건너는 중이었다. 그러므로 나는 내 부모가 조금 나이 들긴 했지만 늙었다는 생각은 하지 않고 살았다. 그런데 아흔 살 즈음의 시어머니는 조금 달랐다.

어머니는 80대 중반까지는 차곡차곡 나이 드는 모습을 보였는데 80대 후반이 되면서 급격히 내달리는 느낌이 들었다. 급격히 죽음으로 내달리는 느낌. 노화는 모든 일상을 망가뜨렸고, 모든 내일의 걸림돌이 되었다.

그때부터 노화와 죽음에 대해 많이 생각하게 되었고, 책과 자료를 찾아보았고, 그것을 글로 쓰게 되었다. 공부하는 마음이라기보다는 알고 싶은 마음이었다.

내가 사랑하는, 내가 염려하는 대상을 잘 알고 싶은 마음. 뭐든지 배움으로 해결하는 나의 습관 그리고 내가 가장 잘하는 것, 독서. 그런 연결 고리로 노년을 읽게 되었다.

노년이라는 주제어에는 노화, 질병, 죽음이 필수적으로 따라붙는다. 그리고 노년과 관계하는 이들인 가족과 의료진, 돌보는 사람들의 이야기가 존재한다. 나는 실체로서의 노인과 시기로서의 노년 모두를 보고 싶었다. 그래서 소설, 에세이, 시, 그림책, 만화, 인문서 등 다양한 장르를 살폈고 그렇게 노년에 대한 다양한 글과 그림을 읽을 수 있었다.

이 책은 다음의 순서로 구성되었다. 1장 '건강과 생존'. 2장 '가족과 네트워크'. 3장 '돌봄과 죽음'. 4장 '노년의 삶'.

나는 글자 그대로 노년을 읽고 노년을 숙고했다. 그리고 나와 내 주변의 노년을 생각하고 말하고 썼다. 각 책의 주제가 단초가 되었고 그것은 확장되어 이야기가 되었다.

1장 '건강과 생존'에서 읽은 것은 노화와 그에 따른 곤란이다. 노쇠, 치매, 질병, 중병, 일자리 그리고 가난. 곤란은 점차 곤혹이 된다.

2장은 '가족과 네트워크'다. 배우자, 친구, 가족, 자식, 공동체. 그리고 그들 사이에서 일어나는 돌봄 또는 효도, 부담 또는 사랑. 인생은 끝까지 사람이었다.

3장에서는 '돌봄과 죽음'을 다룬다. 연명치료, 호스피스, 음식, 요양시설, 임종, 유품, 장례. 진짜 마지막에 관한 이야기들이다.

4장에서는 온전히 '노년의 삶'을 조망한다. 삶으로서의 노년. 로맨스, 위트, 도전, 싱글 라이프, 성찰, 종교, 영성을 섬세하게 조망했다.

본문에는 36권의 책이 나온다. 하지만 36권의 책을 고르기 위해 읽은 책은 어림잡아도 100권이 훌쩍 넘는다. 과정에서 차곡차곡 쌓인 것은 다채로움이었다. 노년의 다채로움. 읽으면 읽을수록 그랬고, 그것은 노년을 주제로 글을 쓰기로 결정한 후 얻어낸 큰 수확이었다.

나이 들었으니까, 늙었으니까. 어쩔 수 없으니까, 방법이 없으니까. 그런 말로 결론짓기에 노년은 너무나도 다채로웠다. 더욱이 노년과 죽음은 신비로웠다. 슬프고 두렵고 애통해도, 결말은 죽음 즉 소멸일지라도, 신비로운 건 신비로운 것. 비극도 신비로울 수 있지 않은가.

"이제 곧 마흔인데…", "마흔이 넘었는데…" 그런 말을 많이 한다. '마흔'이란 그런 말을 하기에 딱 적절한 지점이다.

더 이상 젊지 않은 본인의 나이를 깨달으면서 불안불안한 마음으로 40대를 보내고 나면, 50대가 온다. 체력이 떨어지고 질병이 다가오고 외로움을 조금씩 맛본다. 그러다가 본격 60대가 되면 노인이 되었다는 자각에 화들짝 놀란다. 그리고 노인이 되었다는 상실감을 느낄 새도 없이 노화와 질병을 체화한다. 그리고 부지불식간에 나의 삶의 끝이 보이기 시작한다.

책의 시작이 되었던 시어머니는 2025년 1월 20일 세상을 떠났다. 멈추지 않고 지속될 것만 같았던 노화는 어느 순간 끝이 났다.

어머니의 생명이 꺼져가는 과정을 지켜보면서, 나는 한편 노화에 끝이 있음에 매우 안도했다. 노화는 고통까지 수반했기 때문이다. 그리고 임종과 발인을 거쳐 어머니와 진정한 작별을 하면서, 죽음의 실체를 온몸으로 느꼈다.

청춘과 중년과 노년이 처음이듯이 죽음도 처음이다. 그러므로 모든 인간에게 죽음은 고유하다. 92세인 내 시어머니의 죽음은 호상이었지만, 나에게는 인생에 다시 없을 슬픈 작별이었다.

나는 애도하면서 계속 읽는다. 계속 읽으며 서지 분류가 '노년'인 책들에 대해 계속 쓰려고 한다.

이 책이 어떤 이들에게 가 닿을까. 늙은 부모를 가진, 다가올 노년에 대한 씁쓸한 호기심을 가진 중년일까. 아니면 힘겹게 중년을 넘어서 노년에 막 접어든, 본격 노인이 될 수도 있겠다. 하지만 의외로 돌보는 직업을 가진 사람들이 될 수도 있겠고, 삶과 죽음에 대한 인문학적 궁금증을 가진 청년이 될 수도 있을 것이다.

어찌 되었든 책을 읽는 내내, 우리 모두 인간으로서 너와 나의 마지막에 대해 숙고할 기회가 되었으면 한다. 더불어 책을 읽는 이들이 노년을 외면하고 피하려던 마음에서 준비하는 마음으로 돌아서길 바란다. 생각보다 노년은, 다채롭기가 그지없으니까.

2025년 5월, 서민선

차례

들어가며 ———— 005

1부 건강과 생존

중병	생의 마지막에 중병이 기다리고 있다면 필립 로스 『아버지의 유산』	016
신체노화	거울, 너에게도 보이나 봐라 박완서 『너무도 쓸쓸한 당신』 중 「마른 꽃」	023
치매당사자	나는 치매입니다 무라이 리코 『낯선 여자가 매일 집에 온다』	029
치매환자	치매환자를 진료합니다 장기중 『사라지고 있지만 사랑하고 있습니다』	036
치매부모	치매부모를 돌봅니다 심우도 『우두커니』	043
의료생활	어르신 한 분을 건강하게 지키는 데에도 양창모 『아픔이 마중하는 세계에서』	050
노년계발	자기계발은 지속된다, 노년까지도 마녀체력(이영미) 『미리, 슬슬 노후대책』	058
신체노화	환갑과 일자리 최진영 『쓰게 될 것』 중 「디너코스」	066
일자리	예순 살, 내가 할 수 있는 일이란 이순자 『예순 살 나는 또 깨꽃이 되어』	074

2부 가족과 네트워크

엄마와 딸	죽기 전에 화해해야지 사노 요코 『**시즈코 상 : 그럼에도 엄마를 사랑했다**』	084
배우자 죽음	상상할 수 없는 일, 배우자의 죽음 주디스 커 『**누가 상상이나 할까요**』	091
여성노인	지혜와 지식과 개성을 가진 연장자들 벨마 월리스 『**두 늙은 여자**』	098
가족	지금 아니면 안 돼 다비드 칼리 글, 세실리아 페리 그림 『**인생은 지금**』	106
받는 효도	효도 받고 싶어, 그것이 돈봉투라도 박희순 글, 배민경 그림 『**하얀 봉투**』	112
친구	노년의 고독, 노년의 친구 신시아 라일런트 글, 캐드린 브라운 그림 『**이름 짓기 좋아하는 할머니**』	119
경제활동	경제적이지 않은 60대 여성의 경제 생활 이서수 『**엄마를 절에 버리러**』	124
커뮤니티	노년의 공동체, 안녕 커뮤니티 다드래기 『**안녕, 커뮤니티**』	132
중년부부	중년을 건너 노년으로 이화열 『**서재 이혼 시키기**』	138

3부 돌봄과 죽음

연명치료	이 시대 우리가 죽는 장소 김형숙 『도시에서 죽는다는 것』	148
음식과 죽음	곡기를 끊는다는 것은 정의석 『병원의 밥 : 미음의 마음』	156
유품정리	죽음 후의 날들 가키야 미우 『시어머니 유품정리』	163
요양시설	돌보는 자와 돌봄 받는 자, 그들의 연대 무라세 다카오 『돌봄, 동기화, 자유』	170
모든 돌봄	모든 돌봄은 다정하고 서늘해서 김유담 『돌보는 마음』	177
종교	죽음과 종교 김훈 『저만치 혼자서』	185
호스피스	말기 돌봄을 상상해야 한다 송병기, 김호성 『나는 평온하게 죽고 싶습니다』	192
임종	죽음을 읽습니다 시몬 드 보부아르 『아주 편안한 죽음』	200
사후(死後)	사후세계가 존재할까? 가키야 미우 『파묘 대소동』	208

4부 노년의 삶

낭만노년	낭만적인, 너무나 낭만적인 우애령 『행복한 철학자』	218
로맨스	판타지, 할머니와 할아버지의 사랑 이야기 사이토 린, 우키마루 글, 구라하시 레이 그림 『레미 할머니의 서랍』	225
노년의 위트	이렇게 유쾌한 노년이라니 전국유료실버타운협회 포푸라샤 편집부 『사랑인 줄 알았는데 부정맥』	232
노년의 도전	48년생 셀럽의 등장 이옥선 『즐거운 어른』	240
나홀로 노년	노년이고요, 싱글입니다 김희경 『에이징 솔로』	247
싱글라이프	중년을 읽습니다 권남희 『스타벅스 일기』	255
성찰	필멸하므로, 반드시 작별하는 우리들 이야기 마거릿 렌클 『우리가 작별 인사를 할 때마다』	263
통찰	노년이란 무엇인가? 로르 아들레르 『노년 끌어안기』	271
노년과 영성	종교를 넘어 영성을 생각하는 프랭크 커닝햄 『나이듦의 품격』	278

수록도서 ——— 286

1부

건강과 생존

중병

생의 마지막에
중병이 기다리고 있다면

필립 로스
『아버지의 유산』
문학동네

『아버지의 유산』을 처음 읽었을 때 나는 30대였고, 내 부모는 60대였다. 50대 아들이 쓴 86세 아버지의 마지막은 슬프고 안타까웠지만 한편 아름다웠다.

본인의 병명을 알게 되었을 때, 작가의 아버지는 몇 년 더 산다면 근사할 거라고 말한다. 하지만 독자인 내가 보기에 아버지는 현재로서 이미 충분히 근사했다. 섬세한 아들과 강인한 아버지. 그들의 마지막은 참 인상 깊었다.

시간이 많이 지나서 다시 책을 읽었을 때에는 많은 것이 달랐다. 그사이 나는 훌쩍 나이 들어 버렸고, 내 부모는 성큼 죽음에 가까워졌다. 그리고 부모의 죽음을 겪는 것은 비현실을 넘어서 초현실적 경험이란 것을 알게 되었다. 당시에 소설을 읽는 기분으로 이야기를 즐겼다면 지금은 르포를 읽는 기분이다. 이제 실감이 난다. 이것은 내 이야기가 될 수도 있다.

필립 로스의 아버지는 86세에 뇌종양에 걸린다. 아니, 86세에 걸린 것이 아니라 86세에 발견한 것일 수도 있겠다. 모든 중병은 오랜 시간 서서히 진행된 결과라고 하니, 그렇게 생각하면 중년을 넘어선 사람이라면 어느 누구도 완전히 건강하다고는 말할 수 없다.

처음에는 안면마비였고 다음은 청력손실이었다. 그리고 다음은 시력약화. 그러한 징후들은 모두 뇌종양 탓이었다. 거대한 뇌종양. 발견된 뇌종양을 어떻게 처리할 것인가 아버지와 아들은 검사와 진료와 의논을 거듭한다. 종양을 제거할 것인가? 한다면 어떤 방법으로 제거할 것인가? 제거하면 다시 생기지는 않을까? 제거를 안 하면 어떻게 되는가?

여러 가지 변수를 고려하여 숙고를 거듭하는데 결국 그들은 제거하지 않기로 한다. 아니, 그것은 사실 정해진 답지였다. 수술은 어마어마한 일이었고 결과는 장담할 수 없었다. 86세의 아버지가 시도하기에 무모하고 위험했다.

병원과 의사를 돌아다니면서 아버지는 본인의 상태에 대해 때로 직시와 절망을, 때로 낙관과 희망을 가졌다. 잠시 희망을 가질 때 아버지의 모습을 작가는 형 집행정지에 비유했다. 선고받은 형의 집행정지. 아들이 느낀 아버지 병의 무게감이, 아들이 지켜본 아버지의 상태가 딱 그러했나 보다.

아빠는 올해 여름, 폐암 환자가 되었다. 아니, 폐암 경험자. 옛날보다 암 발병률이 높아졌고 완치율도 높아져 '암 경험자'라는 표현을 쓴다고 한다. 누구라도 경험할 수 있고, 발병과 완치를 겪었으므로 경험자가 되는 것이다.

증상이 발현되기 전 건강검진에서 발견한 작은 결절은 의사의 우려대로 이제 막 시작되는 암이었다. 검진에서 발견된 만큼 우리는 불행이 너무 느닷없다 느꼈다. 암일 확률이 매우 높다는 것을 알았고, 검진이 수술로 이어질 수 있다는 것을 충분히 들은 후 입원을 했다.

결국 수술이 결정되던 날, 아빠는 환자식을 먹다 말고 나에게 물었다.

"내가 암 환자냐?"

나는 그때 심장이 덜컹 내려앉는다는 말이 무엇인지 실감했다. 전장에서 기습 공격을 당한 기분이 된 나는 헛웃음을 지으며 "그럼 암 환자 맞지 뭐. 왜?"라고 도리 없이 수긍했다. 그때 아빠가 한 말이 나를 웃게 했다.

"아니 그럼, 이제 평생 술도 못 마시나 싶어서. 그럼 무슨 재미로 사냐."

아빠의 일생은 유머가 없으면 아무것도 아니다. 소주 한 잔, 막걸리 한 잔을 삶의 낙으로 여겼던 아빠답다. 지난한 노동도 그 끝에 소주 한 잔이 있어 견뎠던 아빠. 나는 이 시점에서도 술타령이냐고 살짝 면박 주었고, 우리는 함께 웃었고, 그렇게 함께 두려움을 몰아냈다.

평생 유머로서 삶을 살아낸 아빠도, 말년의 중병 앞에서는 당황했다. 일단 의사의 진단과 설명을 쫓아가지 못했고, 본인의 치료 절차를 기억해 내지 못했다. 70대 후반이지만 매일 1만 보씩 걷는 체력도, 카카오페이로 손주에게 용돈을 보내는 총명함도, 본인의 중병 앞에서는 기량을 발휘하지 못했다.

나는 어쩌면 그게 다행이라고도 생각했다. 속속들이 면밀히 이해하고 기억하는 것이 두려움을 줄여주는 것도 아니고 오히려 걱정과 우려만 키울 텐데. 구체적으로 알아봤자 마음 건강에도 몸 건강에도 긍정적이지 못할 거라 생각했다. 그저 아빠가 맹장 수술하듯 수술하면 싹 다 나을 거라고 믿어 주기만을 바랐다.

폴란드계 유대인인 작가의 아버지는 멋진 보험인이었다. 강인한 생존력을 가진 그는 낮은 학력에도 불구하고 최선의 활약을 했다. 은퇴 후에도 그는 뇌종양이 발견되기 전까지 멋진 외모와 그에 걸맞은 매력을 발산하며 살았다. 강인했고 매력적이었다.

그리고 중병을 맞닥뜨렸을 때, 의사에게 물어볼 질문 목록을 만들고 수술의 방법과 과정을 적극적으로 묻고 통증의 강도에 대해서도 묻는다. 그리고 결론짓는다. 자신이 심각한 질병에 걸렸다고. 여든여섯의 나이에 쉽지 않은 일이다.

학력이 낮은 유대인 아버지는 살아남으려고 그리고 잘 살아내려고 평생 분투했다. 그런데 생의 마지막에 중병이라니. 작가는 아들로서 그 부분을 제일 힘들어했다. 삶을 용맹하게 살아낸 아버지의 마지막에 이런 것이 기다리고 있다니. 저항할 도리 없이 받아들여야만 하는 이런 것, 이런 중병.

나도 그랬다. 아빠는 고등학교 졸업 후 일흔일곱까지 쉬지 않고 일했다. 그동안 자식을 키우고 부모를 돌보고 몇 해 전 어머니상을 치렀다. 큰 숙제를 끝낸 아빠는 이제 명절 때도 휴가 때도 고향에 안 내려가도 된다면서 가까운 곳에 주말농장을 꾸리고 작은 집을 지었다. 아빠는 살면서 가장 잘한 일이 집을 지은 것이라고 했다. 그리고 정성으로 농작물을 키워서 딱 한 번 거둬 봤는데 암이 생겼다. 그때 나도 작가와 같은 생각을 했다. 아빠의 마지막에 이런 게 나타나다니. 암이라는 중병이 아빠의 마지막을 엉망으로 만들까 봐 노심초사했다.

강인했던 아버지는 어느 날 대소변 실수를 한 후 이를 아들에게 실토하면서 목 놓아 운다. 그리고 아들은 그것을 치우면서 깨닫는다. 이것이 아버지의 유산이구나.

나는 이 책을 읽으면서 아들이 되기도 아버지가 되기도 했다. 아직 나의 나이와 입장이 아들에 가깝지만 나는 아이가 있으니 언젠가 늙은 부모가 될 것이다. 나는 아빠에게서 삶을 살아가는 방식을 배웠다. 평범한 인간이 삶을 살아가는 방식. 그저 근면할 것 그리고 유머를 잃지 말 것. 그건 지금도 그렇지만 장래에 아빠가 내게 준 가장 큰 유산이 될 것이다.

대학병원에 가면 머리가 희끗희끗한 5~60대 보호자들이 매우 많다. 그들은 대게 8~90대 부모의 보호자로 병원을 방문하는 사람들이다. 부모에게서 나고 부모를 보면서 자라고 부모와 함께 나이 들어간다. 그리고 부모의 마지막을 보면서 자신의 마지막을 상상하고 투영한다.

나의 삶을 넘어 나의 죽음까지 내 아이에게 유산된다. 유형의 어떤 것보다 무형의 그런 것들이 더 무겁다. 그렇다면 삶과 죽음에 정성을 다해야 한다. 생을 정성껏 살아야 하겠다는 의지를 갖게 한 나의 아이. 아이를 생각한다면, 모든 생을 정성껏 살다가 정성껏 죽을 일이다.

인생은, 죽음은, 덧없지 않고 헛되지 않다. 아이는 이미 나에게 그 동력을 주었으니 나도 아이에게 삶을 살아내는 유산을 주고 싶다.

신체노화

거울,
너에게도 보이나 봐라

박완서 「마른 꽃」
(소설집 『너무도 쓸쓸한 당신』 중)
창비

　처음으로 어머니(시어머니)의 대소변을 처리해야 했을 때, 당혹스러웠다. 어머니의 치부를 봐야 한다는 것이, 그걸 정신이 온전한 어머니 앞에서 해내야 한다는 것이, 기어이 여기까지 오고야 말았다는 사실이, 슬프고 아팠다. 그것은 미처 준비되기 전 급작스레 일어난 일이어서 위생장갑이라거나 물티슈 같은 준비물도 제대로 갖추지 못한 상태였다. 허둥지둥 옆 침대의 간병인께 이것저것 빌리고 어마어마한 휴지를 쓰면서 다행히 무사히 그 일을 해냈고, 어머니는 미안하다고 했다. 나는 어머니 왜 그러시냐고, 그런 말 하시지 말라고, 이말 저말 아무 말을 하면서 세탁물 처리실로 도망쳤다. 눈물과 표정을 수습하고 어머니 곁에 돌아와 태연한 척 간이침대에 앉았을 때, 어머니가 말했다.

"오늘 밤에 죽었으면 좋겠다."

나는 그 한마디 말에서 어머니의 곤혹과 수치를 읽었다. 당시 어머니 나이 91세. 혼자서는 거동이 어려운 상태. 바로 몇 시간 전까지 숨을 제대로 못 쉬어 정신이 혼미했고 잇몸은 퉁퉁 부어 귤 한 쪽을 수십 번 씹어 넘겨야 했지만, 그럼에도 불구하고 싫은 것은 싫은 것이고 창피한 것은 창피한 것이어서, 젊은 며느리에게 본인의 항문을 닦게 하는 것은 못 할 짓이었을 것이다. 그러니 어머니가 얼마 전 입소한 요양병원이 '아주 좋다'라고 말하는 것은 일정 부분 진실일 거다.

아프면 바로 진통제를 놓아 주는 의사가 한 건물에 있고, 깊은 밤 숨이 차오를 때 두려움과 고통 속에 구급차를 기다리지 않아도 되고, 본인의 노쇠한 몸을 가족이 아닌 간병인이 씻기고 입히고 닦아준다. 그것은 서글프지만 왠지 마음이 놓이기도 하는 일이었다. 가족이 아니고 남이어서 다행이다, 그런 기분 짐작할 수 있었다.

박완서 작가의 단편소설 「마른 꽃」에는 그런 이야기가 나온다. 노쇠한 몸을 누구에게도, 그게 거울일지라도 보이고 싶지 않다고. 일견 재치 있어 보이지만 노년에 대한 당혹과 외면이 단 한 문장 안에 다 들어 있다. 노화란 이런 것인가. 절박함에 성이 난다. 작가는 또 본인의 노쇠한 몸을 노추(老醜)라고 했다. 노추. 늙고 추한 몸. 작가가 소설 「마른 꽃」을 쓴 시기가 1998년, 주인공의 나이는 '내년이 환갑'이다. 나는 59세의 나이를 노추라 말한 것에 놀라야 할지 아니면 59세가 노추라면 내 어머니가 수치스러워한 91세의 나이는 어떤 나이라는 것인가, 그 두려움에 놀라야 할지 판단이 서질 않는다.

소설 「마른 꽃」의 주인공은 자식들 시집 장가 다 보내고 혼자 사는 여성 노인이다. 지방으로 조카딸 결혼식을 다녀오던 어느 날, 고속버스에서 노신사를 만난다. 양쪽 다 사별 후 혼자 산다는 설정이다. 교양 있고 말쑥하고 적당한 재력도 있는 젠틀맨은 노인의 혼을 쏙 빼놓는다. 양쪽 자식들도 두 노인을 맺어주고 싶어 안달이다. 여성은 사랑에 빠진다. 오랜만의 사랑 놀음이 너무나 좋고 너무나 감미롭다. 노쇠한 본인이 이렇게나 요사스럽게 사랑에 빠질 수 있다는 것을 생경해하면서도 한참을 즐긴다. 하지만 깨닫는다. 젊었을 적의 그것, '정욕'이 빠진 사랑은 뭔가 부족하다고.

25년 전 소설이어서 다소 시대감이 떨어질 순 있으나, 작가의 말은 사실이지 않을까? 노쇠한 타인을 노쇠한 내가 새롭게 사랑하는 것은 조금은 어렵다는 것. 설령 사랑한다고 하더라도 부부가 되어 함께 살기란, 젊었을 적부터 사랑하고 살고 늙고 그 모든 것을 함께 한 서사가 빠진다면, 그 사랑은 내가 겪은 일전의 사랑과는 아주 많이 다를 것이라는 직감.

「마른 꽃」은 박완서 작가의 소설집 『너무도 쓸쓸한 당신』에 실린 단편이다. 총 아홉 편의 단편은 대부분이 노년에 대한 이야기인데, 책을 읽다가 보면 이게 수필인지 소설인지 모호하다. 일부 자전적이기도 한 것 같은 것이, 글을 쓸 때 작가의 나이가 딱 그 연배였다. 그때쯤 작가는 본인이 쓰는 글을 이른바 '노년 문학'이라고 스스로 칭했다.

단편 「환각의 나비」에는 치매로 가출한 노인을 찾아다니는 50대 딸이 나오고, 「길고 재미없는 영화가 끝나갈 때」에는 방귀를 참을 수 있을 때까지만 살고 싶었지만 말년에 대소변을 가리지 못하게 된 노인이 나오고, 「너무도 쓸쓸한 당신」에는 고단한 삶을 평생 함께해 사랑의 감정은 사라졌으나 측은지심이 생긴 노부부가 나오고, 「꽃잎 속의 가시」에는 화려한 옷을 만드는 양장점에서 일한다고 생각했는데 알고 보니 본인이 하는 일이란 불란서 부자들의 수의(壽衣)를 만드는 일이었다는 미국 이민 1세대 이야기가 나온다. 30년 만에 고국을 찾은 노인의 가방에는 본인의 수의가 들어 있었다.

노년이 주된 주제가 아니었던 다른 단편들에서도 주인공의 나이는 60대 이상이었다.

종종 미디어에 나오는 배우들을 보면서 생각한다. 그 아름답던 배우도 늙는구나. 아름답던 배우가 늙는 것을 보며 생의 공평함도 느끼지만 생의 가차 없음도 느낀다. 평범한 내가 거울 속 나를 보면서 슬퍼하는 것과는 비교도 되지 않게, 찬란한 르네상스를 겪고 지나간 그들의 슬픔은 크나크겠구나 가늠해 본다. 나는 아침저녁 씻을 때만 거울을 보기 때문에 노화를 직시할 일이 별로 없지만, 그들은 시시각각 카메라가 본인을 보고 있으니 주름 하나 모공 하나까지 몸의 곳곳이 속속들이 늙는 걸 실감하겠구나 싶다. 그러나 외면한다고 없는 일이 되지 않듯이 시시각각 주시한다고 달라질 일도 아니다.

그냥 우리가 할 일은, 늙어가는 우리가 할 일은, 박완서의 말처럼 "내 노쇠한 몸을 거울 너에게도 보이나 봐라." 하며 호기를 끌어올려 늙음을 살아 낼 일이다.

작가의 나이를 계산해 보니, 한창 신명 나게 노년 문학을 했던 시기에 작가는 (불과) 60대였다. 조금은 젊은 노인이어서 그렇게 신명 나게 쓸 수 있었던 것일까? 나는 분명 작가의 글을 읽으면서 신명을 느꼈다. 쓰는 사람의 신명. 그 신명의 기운 덕분에 20대의 내가 박완서의 작품 세계에 빠져들 수 있었나 보다. 실제로 작가는 노년과 노화에 대해서 많은 이야기를 쓰면서 생각보다 노년은 맛있다고, 맛있어서 쓰는 글이라고도 했다.

나는 그 시절 20대 청춘이었는데, 잊을 만하면 박완서 작가의 신간이 나왔던 기억이 난다. 베스트셀러도 유명 작가도 많지 않던 시절이어서 소수의 대작가들이 책을 내는 것만을 목이 빠지게 기다렸던 때다. 지금도 여전히 나는 그 습관이 몸에 배어서 박완서 작가의 신작을 기다린다. 기다리다가 보면 어느 날 갑자기 불쑥 "오랜만이지요?"라고 말하면서 어디선가 그녀가 나타날 것만 같다.

치매당사자

나는
치매입니다

무라이 리코
『낯선 여자가 매일 집에 온다』
오르골

"노년을 생각하면 뭐가 제일 두려우세요?"

노년에 대한 책을 읽고 그에 대한 이야기를 쓰기 시작하면서, 노년기 지인을 만나면 기회 될 때마다 노년의 두려움에 대해 질문을 하곤 했다.

나는 경제적인 걱정이 제일 클 거라고 생각했다. 많은 청년들이 폐지 줍는 노인을 보면서 노년을 두려워한다고 들었고, 내가 한참 자녀 교육으로 지출이 클 때여서 그랬던 것도 같다. 노후 대책은 시작도 못 하고 아이 학원비에 많은 돈을 쓰고 있는 터라 더 이상 소득이 없어지면 어떻게 살 것인가 걱정스러웠다. 그런데 아니었다. 노인들은 질병, 특히 치매에 대한 걱정이 매우 컸다. 많은 사람이 이렇게 말했다.

"정신 나가는 게 제일 두렵지요."

치매가 와 버리면 나 자신이 이상하다는 것도 인지하지 못할 테고, 그렇다면 사전연명의료의향서를 등록한들 내 맘대로 무엇 하나 되지 않을 것이기에 두렵다고 했다. 인간의 존엄을 지킬 수 있는 순간까지만 살고 싶은데, 인지가 떨어진다면 모든 것이 엉망이 될 거라고.

『낯선 여자가 매일 집에 온다』는 치매환자 시점의 에세이다. 소설이 아니라 에세이라는 것도 놀라웠는데, 치매환자 시점이라니. 책의 시작에는 앞으로의 일들이 사실이라고 쓰여 있었다. 그렇다면 이건 치매에 걸린 노인이 직접 자기 이야기를 썼다는 것인가?

책은 일인칭 주인공 시점이다. 작가는 무언가 이상한 생각이 들고, 사람들이 거짓말을 하고 자꾸 자신을 비난한다는 느낌이 든다. 그래서 불안하고 무섭고 미치겠다. 물건은 자꾸 없어지고 남편은 바람을 피운다.

독자인 나는 어느 순간 깨닫는다. 무언가 잘못되어 가고 있다.

독자는 눈치챘는데, 주인공은 여전히 단단히 착각하고 오해한 채로 이야기는 지속된다. 작가는 치매에 걸린 당사자가 얼마나 혼란 속에 있는지를 보여 주려고 한 것 같다.

일본에는 전기 고령자와 후기 고령자라는 명칭이 있다고 한다. 75세 이전은 전기 고령자, 이후는 후기 고령자. 노인 인구가 매우 많아서 아마도 관리 때문에 만든 기준인 듯하다. 그런데 막상 75세를 맞으면 뭔가 진짜 꺾인 기분이 들 것 같다. 우리는 서른이 넘으면서 잔치가 끝났다고 말하고, 마흔이 넘으면서 불혹의 나이라고 말하고, 쉰이 됐을 때 또 이런저런 말을 보탠다. 나이의 앞자리 숫자가 바뀌는 것에 민감하다. 그런데 거기에 또 하나 꺾이는 기준이 늘어난다는 것은 매우 예민한 이슈다. 노년에 이르러서도 꺾일 것이 남아 있다니. 반대로 아직은 전기 고령자라며 위안을 삼기도 하겠지만 그건 불행 중 다행일 뿐이다.

주인공 부부는 둘 다 후기 고령자인데, 치매 당사자는 여든이 갓 넘었고 남편은 아흔에 가깝다.

1장의 제목은 '너는 나쁜 사람'이다. 다음으로 2장은 '파파몬은 나쁜 사람', 3장은 '흰옷 입은 여자는 나쁜 사람', 4장은 '남편은 나쁜 사람'인데, 이후에도 모든 챕터가 'OO은 나쁜 사람'의 형식으로 구성된다. 치매 당사자 입장에서는 주변 사람들이 연유

없이 달라지고 나빠지기 때문이다. 그뿐만 아니라 거짓말도 하고 자신을 바보로 취급한다. 그러니 정말 미치고 팔딱 뛸 노릇이다. 주인공 역시 어렴풋이 이상한 기분을 느낀다. 뭔지 모르겠는데 까슬거리고 위화감이 느껴진다. 그게 뭔지는 정말 모르겠다.

나도 가끔 뭔가 이상한 느낌이 들 때가 있는데 뭔가 중요한 것을 잊은 것 같은 기분, 마치 중요한 약속을 잊은 것 같은 기분, 정말 가끔 그런 묘한 기분을 느낀다. 그런데 그런 긴장이 하루 종일, 아니 몇 달째 밤이고 낮이고 이어진다고 생각하면 너무나 두렵다. 치매환자의 긴장도가 왜 그렇게 높고 환경 변화에 민감한지 알 것도 같다. 어느 것 하나 확실하지 않은 상황에서 작은 변화는 나비 효과처럼 큰 변화로 증폭될 수 있을 것이다.

주인공은 더 이상 풍경이 아름답지 않다고 말한다. 뭘 해도 피곤하고 뭘 봐도 감흥이 없고 뭘 들어도 시끄러운 기분. 치매로 인해 달라지는 것에는 감성적인 영역도 포함되었던 것이다. 이 부분에서 주인공이 너무나 애처로웠다. 그리고 책 속으로 들어가서 말해 주고 싶었다. 이것은 치매 때문이라고. 할머니가 이상해진 것이 아니라고. 이것은 노화의 일부분이니 안심하라고.

나쁜 가족, 나쁜 의료진 다음 순서는 나쁜 '외부 사람들'이다. 5장은 수도 수리공, 6장은 생선 장수다. 이 부분을 읽을 때는 씁쓸하면서도 긴박감을 느꼈다. 노인의 외로움을 이용해 품질 낮은 물건을 비싸게 판매하는, 교활하고 영리한 영업 사원에 대한 이야기는 많이 들었다. 하지만 치매가 온 노인을 대상으로 어떤 상품이나 서비스를 강매하는 것은 사기이고 범죄다. 읽는 내내 느껴지는 긴박감은 스릴이 아니라 가슴졸임이었다. 정작 할머니는 얼마나 무서웠을까.

범죄나 사기의 영역으로 들어서자 가족들은 당황하고 분노한다. 사기꾼들이 잘못한 것이지만 어쨌든 할머니는 당했고, 가족들은 수습을 해야 하니까. 과정에서 할머니는 작아지고 또 작아진다. 그리고 결국 말한다. "미안해, 내가 나빴어."라고.

내 외할아버지는 올해 97세의 나이로 세상을 떠났다. 항상 나이에 비해 정정하고 총명했던 할아버지였는데 마지막에는 중증 치매가 와서 힘들어했다.

80대 후반부터 노인성 치매가 서서히 진행되었는데, 약을 잘 복용했기 때문인지 다행히 속도가 매우 더뎠다. 할아버지는 아흔 직전까지도 혼자서 기차를 타고 전라도 나주에서 서울까지 올라오고, 또 지하철을 갈아타고 경기도 안양인 우리 집에 성공적으로 도착했던 사람이다. 그랬던 사람이 본인의 인지 저하를 받아들이기는 매우 힘들었을 것이다.

할아버지는 어느 날 대화 중 나에게 그런 말을 했다.

"내가 왜 이렇게 멍청해졌는지 모르겠다."

기억도 못 하고 자꾸 까먹고, 물건을 어디에 뒀는지를 까먹는 게 아니라 아예 먹통이 된다고 했다. 그리고 우리의 도움을 받으면 꼭 "고맙다, 미안하다."라고 했다.

내 잘못이 아닌데. 우리는 사과하고 후회하고 자책한다. 모든 인간은 평생 사과하면서 산다. 사랑만큼이나 미안함은 인간의 자연스러운 감정이다. 그런데 80년을 사과하고 산 후, 치매가 와서 억울한 와중에도 내가 나빴다고 사과하는 상황이라니. 인생 참 억울하다.

책 제목 『낯선 여자가 매일 집에 온다』의 '낯선 여자'는 며느리였다. 그리고 이 책은 며느리가 쓴 글이다. 며느리가 시어머니가 되어, 시어머니 시점에서 쓴 글. 서문을 다시 보니, '이 이야기는 사실을 바탕으로 쓰였습니다'라고 되어 있다. 본인의 경험과 관찰이 바탕이 되었을 것이다.

에필로그에서 작가는 '지금 현재 밤낮없이 누군가를 돌보고 있는 여러분, 저도 마찬가지입니다. 일본에서 응원할게요.'라고 말한다. 작가는 고등학생 아이들을 돌보면서 치매부모를 돌보고 있다. 모든 여성은 중년을 돌봄으로 꽉 채워 보낸 다음 본인이 노년이 되어서야 비로소 돌봄에서 벗어난다. 아니 노년이 되어서는 배우자의 돌봄이 시작되니 그것도 아닌가?

  책에서는 치매가족에 대한 부분을 배경처럼 다뤘지만, 그것으로도 충분했다. 치매가족을 돌보는 가족들의 심경이 어땠을지. 작가도 그 복잡한 마음들을 가눌 길 없어 이렇게 쓰게 된 것이 아닐까. 그리고 쓰면서 어머니와 노년과 돌봄에 대한 몸과 마음의 고단함을 감당했을 것이다. 작가의 가족들이 이 책을 읽었을지 모르겠지만, 쓰는 작가도 읽는 가족들도 서로 책을 통해 위안을 받았으리라 확신한다.

치매환자

치매환자를
진료합니다

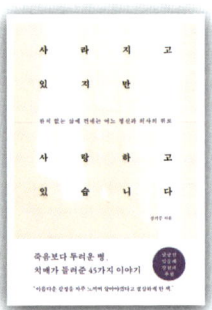

장기중
『사라지고 있지만 사랑하고 있습니다』
웅진지식하우스

『사라지고 있지만 사랑하고 있습니다』는 정신과 의사 장기중 박사가 쓴 치매의 이모저모를 다룬 책이다.

책에는 정말 많은 치매환자와 치매가족의 이야기가 나오는데, 그것은 하나하나 모두 생생한 현실이었다. 의사인 작가는 환자 그리고 환자의 가족들과 많은 이야기를 나누었을 것이다. 그 이야기들을 하나하나 의미 있게 듣고 마음에 새긴 수고가 느껴진다. 정신과라는 진료 과목의 특성일 수도 있겠는데 장기중 박사의 글은 매우 섬세하고 사려 깊다. 책을 읽으면서 의사가 쓴 글이라기보다, 작가의 직업이 의사구나 생각할 만큼 글이 좋았다.

내 시어머니는 92세의 나이로 돌아가실 때까지 정신이 매우 맑았다. 마지막 일주일 정도는 묻는 말에 대답도 안 했지만, 그래도 사이사이 가끔 이야기를 하고 사람도 알아봤다. 돌아가시기 일주일 전까지는 온전히 정신이 맑았다는 이야기다. 했던 이야기를 또 한다거나 이름을 간혹 헷갈리기도 했지만, 그것은 60대인 내 엄마도 40대인 나도 하는 행동이었다. 주변의 많은 사람들이 그리고 70대인 내 아빠도, 어머니의 그 점을 매우 부러워했고 찬탄했다.

"그 연세에, 대단하신 분이다."

이 이야기를 정말 많이 들었다. 정신 맑고 오늘이 며칠인지 알고, 막내 아들 흰머리가 늘어난 것도 알고. 증손주가 태어났으니 용돈을 주라고 쌈짓돈을 내놓기도 하는 것, 그것은 아무나 할 수 있는 일이 아니었다. 그런데 그게 과연 좋은 일이었을까?

정신이 맑은 만큼 어머니는 질병과 노화의 고통을 고스란히 느껴야만 했다. 아마 어머니는 사람이 쓸 수 있는 모든 종류의 진통제를 경험해 봤을 것이다. 어땠을까. 그리고 어머니가 세상을 떠나는 결정적 계기가 된 낙상 사고도, 기저귀를 못 받아들이고 직접 화장실에 가려다가 일어난 일이었다. 맨정신으로 끝까지 버티다가 떠나신 것, 그것에 대해 나는 다행한 마음보다 안타까움이 더 컸다. 적당히, 적당히 좀 정신이 덜 맑아야 아픈 것도 덜하고 수치심도 덜하고 분노도 덜한 것 아닐까.

 나는 끝까지 맑았던 어머니의 정신이 야속했다. 그리고 종종 생각했다. 적당히 노인성 치매가 좀 왔었더라면, 그랬다면 어머니가 덜 고통스러워하지 않았을까. 하지만 치매란 그렇게 단순한 것이 아니었다. 내가 바랐던 것, '적당한 치매'란 존재하지 않았다. 책에서 본 치매는 일단 종류가 매우 많았다.

 알츠하이머 치매, 루이소체 치매, 알코올성 치매 등 책에 등장하는 것들만 해도 그 양상과 예후가 매우 달랐다. 그리고 대부분 결말이 비극적이었다.

 책의 부제가 '완치 없는 삶에 건네는 어느 정신과 의사의 위로'인 것은 매우 큰 의미를 담고 있었다. 완치 없는 삶. 자신이 점점 사라지는 삶. 작가는 "치매와 죽음은 모두 자신을 잃어가는 과정이다."라고 말했다. 그렇다면 치매란 죽음이 앞당겨지는 것 아닌가. 그제야 나는 치매라는 단어의 무게감을 제대로 느꼈다.

 작가의 이야기 중 "인기척을 느낄 수 없었다."라는 말은 참 두렵고도 슬펐다. 초기 치매라는 용어가 있다. 그렇다면 말기 치매도 있다는 것인데, 말기 치매에 이른 환자를 접했을 때 작가가 느낀 감정이 그랬다고 한다. 인기척을 느낄 수 없었다고. 말기 치매가 되면 다만 기억력 문제가 아니라 기본적인 인간의 특징들이 사라지고 무감동, 무감각 등의 상태에 이르므로, 인기척을 느낄 수 없었다는 말은 과장된 표현이 아니다. 사람이 옆에 있지만 사람의 기척이 안 느껴지는 상태. 치매는 그런 병이었다.

모든 죽음에 이르는 질병이 그러하겠지만 특히 치매는, 그 병의 양상을 바라보는 이가 지치는 질병이다. 그건 의료진도 마찬가지일 텐데, 작가는 환자들로부터 본인이 관심과 위안을 얻는다고 말한다.

전쟁 통에도 삶은 흘러가고, 생의 아름다움은 드러난다. 내 옆의 사람들이 있어서, 힘들고 덧없는 와중에 우리는 웃을 수 있다. 하지만 그 아름다움을 모두가 발견하는 것은 아니다. 나는 의사이자 작가인 장기중 박사의 특별한 시선이 있었기에 그것이 가능했다고 생각한다. 작가는 진료실 속에서 작은 행복을 발견하고 일상의 소중함을 느끼고 깨닫고 다시 그것을 환자들에게 주는 의사였다.

시어머니의 임종 소식을 들었을 때, 나는 학교에서 수업 중이었다. 전화를 받고 나는 내가 20분 남짓 남은 수업을 무리 없이 끝내고 학교를 떠날 수 있을 것이라고 생각했다. 그런데 아무래도 그것이 불가능했다. 나는 학생들에게 양해를 구하고 10분 일찍 교실을 나섰다. 외국인인 내 학생들에게는 간략하게 "선생님이 집에 일이 생겼다. 가야 한다."라고만 전했다. 한 달 같은 3일. 3일장을 보내고 나니, 학생들에게서 연락이 오기 시작했다.

"선생님, 괜찮으세요?"

"선생님, 걱정했어요."

스무 살 남짓 어린 외국인 학생들이었다. 그들의 염려하는 마음은 짧은 한국어로 충분히 전달이 되었다. 그리고 이래서 이 직업을 떠나지 않는구나 다시금 깨달았다. 나도 장기중 박사처럼 학생들로부터 관심과 위안을 얻는다. 함께 하는 이들은 항상, 서로가 서로를 구원한다.

어느 날 진료실에 들어 온 할머니에게 작가는 묻는다. 어떤 치매를 진단받고 오셨냐고. 할머니는 대답한다.

"꽃 같은 치매."

잘 알아듣지 못해 다시 묻는 작가에게 할머니는 다시 한번 말한다. "꽃 같은 치매"라고. 이내 알아들은 작가는 미소 지을 수밖에 없다.

곤란하고 곤혹스러운 나쁜 치매에 대한 이야기를 많이 읽은 후여서인지, 나는 자신이 꽃 같은 치매에 걸렸다고 말하는 할머니가 진심으로 반가웠다. 할머니가 어떤 사람인지, 어떤 삶을 살았기에 그런 표현이 가능한지까지는 책에 나오지 않는다. 하지만 작가는 들었다고 했고, 나는 그 이야기가 매우 궁금해졌다. 내가 마치 꽃 같은 치매에 걸린 환자의 보호자라도 되는 양, 감사의 마음도 들었다.

책의 첫 번째 꼭지 제목은 '착한 치매와 나쁜 치매'였다. 책을 읽기 전에 귀여운 치매와 미운 치매에 대한 이야기를 여러 차례 들었는데 비슷한 뜻인 것 같았다.

이는 요양보호사로부터 들은 이야기인데, 교장 선생님으로 퇴직한 한 치매환자는 아침마다 훈화 말씀을 하는데 그게 아주 온화하기 그지없어서 보는 이를 미소 짓게 한다고 했다. 반면 미운 치매가 온 할머니는 욕쟁이 할머니처럼 보는 사람마다 붙잡고 그렇게 욕을 했다고 한다. 치매가 와도 가족들과 어느 만큼 조화롭게 살아갈 수 있는 경우는 착한 치매로 견딜 만하겠지만, 의심하고 욕하고 때리고 그런 치매가 온다면 가족들은 쉽게 지칠 것이고 어느 순간 시설에 보내는 결정을 할 수밖에 없을 것이다.

작가는 이런 상황에서 본인이 할 수 있는 일로 가족들에게 병의 의미를 해석해 주는 것을 꼽았다. 가령 자꾸 밖을 배회하는 환자의 경우, 배회도 욕구이므로 배회할 만큼 해야 그것이 끝난다고 했다. 양껏 배회하게끔 안전한 환경을 만들어 주는 것도 하나의 방법일 테다. 그런 식으로 망상, 환각, 초조 등 다양한 정신 행동 증상들의 발현 이유와 단계, 해소 방법, 앞으로의 치료 방법과 계획 등을 설명하고 찾아줌으로써 치매환자의 가족들은 두려움과 절망감을 다소간 줄일 수 있을 것이다.

    비단 치매가 아니더라도, 병을 대상화하는 것은 환자와 환자 가족들에게 큰 도움이 된다. 특히 정신병을 합리적으로 분석하는 것은 가족의 비극을 뭔가 이유 또는 원인이 있는 질병으로 해석하게 한다. "이것은 병일 뿐이다. 적절한 약을 쓰거나 적절한 방법으로 대처하면 된다. 그도 안 되면 어쩔 수 없는 일이다."라고 내 앞에 있는 전문가가 그런 이야기를 해 준다면, 그건 설명이 아니라 위로가 될 것이다.

치매부모

치매부모를
돌봅니다

심우도
『우두커니』
심우도서

요즘 즐겨 보는 웹툰이 있는데, 홍연식 작가의 〈늙은 아버지의 나날〉이다. 늙은 부모 이야기는 워낙에 관심사인 데다가 작가의 글과 그림이 매우 진솔하고 몰입감이 있어서, 무거운 주제이지만 술술 보고 있다. 〈늙은 아버지의 나날〉은 픽션이지만 논픽션 감성이 무척 강하다. 매우 현실적이고 생생하다. 어떤 장면은 너무 현실감 있어서 그림으로 보는데도 무척 마음이 불편했다. 참담함도 생생했다.

노년의 끝자락에서 병이 매우 중해진 아버지는 스스로도, 의료진도, 자식도, 그 누구도 감당하기 힘들 만큼 무너져 갔다. 그럼에도 삶이 계속되는 것처럼 이야기는 계속 이어지고 나도 계속 연재를 따라 읽었다.

나는 이런 이야기들이 점점 많아지고 있는 것을 느낀다. 노년의 삶을 생생하게 전달하는 이야기. 소설에서, 에세이에서, 웹툰까지. 그러므로 인간의 모든 이야기에서 노년과 죽음이 비중 있게 다뤄지는 요즈음이다.

웹툰 〈늙은 아버지의 나날〉을 의미 있게 읽던 중 '책 친구'에게서 심우도 작가의 『우두커니』라는 만화를 추천받았다.

나는 최근 몇 년 사이 만화와 그림책에 조금씩 눈을 뜨고 있는데, 글과 그림이 함께 있는 책은 반드시 몇 번이고 다시 보게 된다. 읽는 것이 아니라 읽고 보는 것이어서 그런지, 그래픽노블이나 만화 그리고 그림책은 볼 때마다 약간씩 감동이 다르다. 그리고 꼭 책을 갖고 싶어진다. 그리고 심우도 작가의 책을 보면서 그림의 매력을 알아 버렸다.

어떤 이야기는 글자로 풀어내는 것이 고단함을 가중한다. 쓰는 사람은 쓰는 사람대로, 읽는 사람은 읽는 사람대로, 서로 각자 고단하다. 한데 일부는 글로 풀고 일부는 그림으로 풀어내면, 서로 다른 감각을 써서인지 조금 빈 공간이 생긴다. 글에서 조금, 그림에서 조금, 서로 덜어내고 서로 채운다. 그래서 사람들이 만화를 쓰고 그리고 읽나 보다.

『우두커니』는 치매에 걸린 아버지를 돌보는 젊은 딸 부부의 이야기인데 사실에 기반한 픽션이다. 어릴 적 아빠에게서 아주 다정하고 깊은 사랑을 받은 딸은 결혼해서도 남편과 함께 줄곧 아버지를 모신다. 또래 친구들에 비해 나이가 많은 작가의 아버지는 마지막에 치매를 앓는다. 그리고 전혀 다른 아버지가 된다.

달라진 아버지는 특히 말로 딸과 사위의 가슴에 비수를 꽂는데, 진심이 아님을 알면서도 딸은 흔들린다.

아버지에게 애정이 있기에 병으로 인한 것임을 알면서도 매번 줄곧 흔들리는 딸을 보면서, 딸만큼이나 나도 마음이 아팠다. 그런 일로 고난을 겪기에는 딸과 사위가 너무 젊었고, 아버지와의 좋은 추억이 너무 많았다.

이런 일을 겪을 때 나이는 분명 도움이 된다. 10대와 20대가 다르듯 30대와 40대는 다르고, 40대와 50대도 다르다. 외면의 성장은 멈추지만 내면의 성장은 끊임없이 지속된다. 그래서 나는 작가가 젊은 것이 매우 마음에 걸렸다. 치매 부모를 돌보기에 젊음은 걸림돌이다. 젊음은 젊음으로 내버려두어야 한다. 젊음을 온전히 누리고 겪어야 다음에 올 중년에 무리 없이 안착할 수 있다. 젊은 작가는 내 눈에 참 많이 힘들어 보였다.

그리고 치매(癡呆)라는 병명에서 '치'가 한자 '어리석을 치'라는 것을 알게 된 후, 그 단어를 사용하는 것 자체만으로도 매우 불편해졌다. 생의 끝에 치매에 걸린 노인에게 어리석다는 뜻의 이름을 붙여 부른다니 이 얼마나 비극인가. 하지만 나도 아직까지 치매라는 단어를 쓴다. '유모차'가 어느 순간 '유아차'가 된 것처럼, '가정부'가 서서히 '가사도우미'가 된 것처럼, 곧 '치매'가 아니라 '인지증' 또는 그에 맞는 적절하고 새로운 단어로 바뀌기를 바라 본다.

만화 『우두커니』에서 작가는 치매의 많은 증상 중 아버지의 성정이 달라지는 것에 많은 지면을 할애한다.

드라마에서 자주 다뤄지는 중증치매 증상은 대소변 실수라거나, 길을 잃는다거나, 불을 잘못 관리해 화재가 난다거나 그런 것들이다. 약속을 잊어버리고 소중한 물건을 잃어버리는 것은 비교적 경중에서 단골로 나오는 소재다. 그런데 만화 『우두커니』에서는 아버지의 성정이 변하는 것에 집중한다.

만화 속 아버지는 딸과 사위가 속상해 할 부분을 콕 집어 가혹하게 들쑤신다. 정도가 심해지면서 나중에는 독자도 기함할 정도의 그런 세고 강한 말들. 그것이 대소변 실수라거나, 하루에 밥을 여섯 끼 먹는다거나, 집안 살림의 일부가 불에 타는 것보다도 더 큰 일임을 제대로 보았다. 작가가 하고팠던 말도 그게 아니었을까.

치매라는 병에 있어 작가에게 가장 난감하고 어려웠던 지점, 성정의 변화. 성정이 달라지는 것에 집중했으므로 당연히 아버지에게서 발견되는 것들은 불안, 의심, 비난, 분노, 공격, 폭력, 이런 것들이다. 점점 더 세고 강해진다. 마지막에 공격성과 폭력성이 극에 달했을 때에는 작가는 도리 없이 경찰을 불러 응급실에 간다. 응급조치를 받고 아버지는 비로소 진정된다. 감당이 안 되는 아버지는 자연스레 요양시설로 가는 수순을 밟는데, 그 과정에서 의료비가 언급된다. 의료비는 가족들이 감당하기 어려운 수준이었다.

내 시어머니는 마지막에 1년 반 정도 요양병원에 머물렀다. 돌아가신 시아버지가 국가유공자여서 보훈의료협약병원에 들어갈 수 있었고, 의료비의 상당 부분을 할인받았다. 정말 상당 부분이었다. 그것은 많은 도움이 되었고, 할인받지 못했다면 우리는 많은 선택과 갈등을 반복해야 했을 것이다. 돌아가시고 나서 장례를 치를 때에도, 화장장을 선택할 때에도 우리는 큰 도움을 받았다. 우리는 운이 좋게도 아니 돌아가신 시아버지의 노고로 인한 것이지만 어쨌든 보훈 가족이라는 혜택을 꽤 받았다. 그래서 병원비 걱정을 덜 했다.

하지만 주변의 지인들을 보면, 요양시설의 도움을 받아야 할 단계인데 비용 문제로 주저하고 고민하는 경우가 꽤 많다. 현실적으로 월급 생활자가 감당하기에는 너무 큰 금액이어서 이런 것이 부모의 마지막을 돌볼 때에 걸림돌이 되는구나, 그래서 다들 부모를 돌보는 것을 힘들어하는구나 싶었다. 그리고 책 『우두커니』 속에서 행복하고 싶다고 말하는 젊은 부부와 치매를 앓는 아흔이 가까운 노인의 사연이 그래서 더 몰입이 되었다.

작가는 치매환자가 하는 말은 진심이 아니므로 흘려 들으라는 조언을 많이 받았다고 한다. 하지만 그 말은 매우 절망적인 말이다. 말을 안 믿으면 무얼 믿나. 말 한마디로 천 냥 빚도 갚고, 말 한마디에 성난 마음도 눈 녹듯 녹는데. 말을 안 들은 걸로 어떻게 할 수 있을까.

『우두커니』라는 제목은 우두커니 서서 창밖을 바라보는 아버지의 모습에서 나온 제목이다. 나중에는 작가도 우두커니 서서 창밖을 바라보는 모습이 나온다. 아버지는 병으로 넋이 나가 시간가는 줄 모르고 우두커니 서 있고, 딸은 돌봄과 삶의 허무함에 지쳐 외로이 망연히 서 있다. 둘 다 너무 외롭다. 질병과 죽음 앞에서 우리는 모두 너무 외롭다. 아버지가 돈 계산을 틀린 어느 날, 작가는 아버지의 머리카락을 잘라 주다가 운다. 만 원이라고 말하는 작가에게 아버지가 2천 원을 내민 것이다. 그리고 머리카락을 치우려고 빗자루질을 하다가 울고 만다. 도대체 치매란 것은 사람의 머릿속을 어떻게 헤집어 놓는 것일까.

작가의 이름 심우도는 필명인데, 글을 쓰는 아내와 그림을 그리는 남편의 부부 공동 필명이다. 책의 마지막쯤에 작가는 남편에게 치매 아버지와 살아가는 본인들 이야기를 다음 만화로 쓰고 그리자고 말한다. 속에 담아두면 썩어서 안 된다고.

적당히 각색을 거치면서, 본인들의 이야기를 쓰면서, 부부는 어느 정도 애도하고 치유 받았을 것이다. 그래서 속에서 썩지 않게 갈무리를 했고, 그렇게 그들의 사연들로부터 놓여났을 것이다.

작가의 다른 책을 보고 싶어 찬찬히 살펴보니, 출판사명도 〈심우도서〉이다. 그들은 둘만의 유니버스를 만든 것 같다. 멋진 작가 부부를 발견했다.

의료생활

어르신 한 분을
건강하게 지키는 데에도

양창모
『**아픔이 마중하는 세계에서**』
한겨레출판

　중학생 아이에게 왕진이 뭔지 아냐고 물으니, 왕이 전진하는 거냐고 되묻는다. 그렇지. 요즘 아이들은 왕진에 대해 들을 일이 없겠지. 방문의료서비스라고 하면 알아들으려나?

　이 책은 왕진하는 의사 양창모 박사의 이야기다. 책을 다 읽고 나니 책 제목이 이제야 눈에 들어온다. 『아픔이 마중하는 세계에서』. 의사 양창모가 환자에게 왕진 갈 때, 아픈 환자들이 마중 나온다는 뜻이었다. 수많은 어르신들이, 아픈 몸들이, 의사를 마중 나온다. 반가운 손님을 맞는 마음으로.

한국어 강사인 나는 외국인 학생들에게 '마중하다'와 '배웅하다' 두 단어를 종종 가르친다. 그때 나는 직관적으로 알 수 있게 이렇게 설명한다. '마중하다'는 '웰컴', '배웅하다'는 '굿바이'라고. 그럼 학생들은 단박에 이해한다. '마중하다'는 기쁨의 '어서 오세요', 배웅하다는 슬픔의 '잘 가요'라는 것을.

왕진을 받을 수밖에 없이 늙고 아픈 환자들. 치료와 돌봄을 받아야 하는 어르신들이 되려 의사를 환대한다. 마중하러 나온다.

책은 세 개의 장으로 구성되어 있다. 1장 '찾아가야 보이는 세계'. 2장 '어른거리는 얼굴들'. 3장 '우리를 마중하는 세계'.

1장에서 작가는 환자의 집으로 찾아가 보니 비로소 보이는 세계에 대해 말한다. 환자의 곁으로, 환자의 집으로 직접 찾아가 보고 알게 된 그들의 삶과 질병의 서사들. 작가는 지금은 춘천 〈호호방문센터〉에서 일하고 있지만 과거에 원주 지역 의료생협에서 일한 적이 있는데, 책에는 내가 알만한 원주 지역의 도시 이름들이 나온다. 그래서 나는 왕진이라고 해도 내가 가 본 시골 지역 정도의 방문이라고만 생각했다. 대중교통은 원활하지 않아도 차로 2~30분이면 시내에 접근 가능한 정도. 그런데 책을 읽다가 보니 상상 이상으로 교통 소외 지역이 많았다. 고불고불 산길을 몇 시간이나 들어가야 나오는 집, 내륙에 있는데도 배를 타야 들어갈 수 있는 집, 하루에 버스가 두 대만 다니는 동네 등등. 하루에 방문 가능한 환자가 많아야 두 집이라고 하니, 왕진 의사와 의료진은 실로 산 넘고 물 건너 환자를 찾아간다. 책의 시작부터 존경의 마음이 들었다.

작가가 왕진한 많은 환자들 중, 멀미하는 할머니 이야기는 오랫동안 기억에 남았다. 할머니는 5년 넘게 병원에 가지 못하고 있었고, 작가는 반드시 병원에 방문해 혈액 검사를 받아야 한다고 환자에게도 자식들에게도 신신당부를 한다. 하지만 멀미를 심하게 해서 방문이 어렵다는 대답을 듣는다. 작가도 나도 이건 좀 너무한 핑계라는 생각을 한다. 멀미 때문에 병원을 못 간다니 이게 무슨 말인가. 그런데 왕진을 마치고 복귀하는 길, 작가는 할머니에게 멀미를 안겨 준 그 길을 이용하게 된다. 바로 건봉령이라는 소양호를 끼고 있는 산길이다. 작가는 실타래처럼 꾸불꾸불한 길을 넘다가 멀미를 하게 되고 쉬면서 깨닫는다. 아, 이것 참 어려운 일이구나. 팔십이 넘은 할머니에게 이것은 정말 크나큰 장벽이구나. 젊은 그조차 굽이굽이 산길이 무척 버거웠던 것이다.

결혼을 앞두고 시어머니가 혼자 사는 집에 처음 방문했던 날, 나는 낯은 세계를 만난 기분이었다. 허리와 다리가 많이 아파서 앉았다 일어났다 하는 게 힘든 어머니는 모든 집기를 바닥에 놓고 쓰셨다. 밥통도 바닥에 가스레인지도 바닥에 커피믹스 박스도 바닥에. 냉장고도 제일 아래 칸 위주로 자주 쓰는 양념과 재료들이 빼곡히 채워져 있었다. 그리고 대부분의 이동을 무릎걸음으로 했다.

집에 가 보지 않았다면 나는 어머니의 허리와 다리 통증의 강도를 실감하지 못했을 것이다. 왜 무릎에 멍이 들어있는지도. 왕진 의사에게도 이런 것들이 보이기 시작했을 것이다. 환자의 삶과 질병과 고통들이.

산속 깊은 곳에 사는 노인들은 혼자 살 건 부부가 함께 살 건 모두 의료서비스 접근이 어렵다. 혈압약 하나 타려고 버스를 몇 번이나 갈아타고, 바쁜 농사일을 제쳐두고 하루를 모두 허비하면서 시내에 나가기란 어려운 일이다. 자식들은 뭐 하고 있나 하는 생각이 들 수밖에 없는데, 작가는 몇 번이나 말한다. 그런 상황에서 자식들의 삶은 또 어떠할지를. 그리고 이 부분은 가족이 해결해야 할 문제라기보다는 공공의료에서 해결해야 할 일이라고 말이다.

2장은 낭만 닥터 양창모가 의료생협에서 일하던 날들의 이야기다. 나는 국내에 왕진 의사가 있다는 것도 처음 알았지만, 의료생협이 있다는 것도 처음 알았다. 세상에는 내가 알지 못하는 선(善)이 아직 많다. 세상을 바꾸기 위한 작은 움직임들을 멈추지 않는 사람들. 내 옆의 이웃을 외면하지 않는 사람들.

  작가는 마을의 힘을 믿는 사람이다. 마을이라는 공동체가 제 기능을 발휘할 때 우리는 사람답게 살고 사람답게 죽을 수 있다고 믿는다. 작가는 서문에서 '어르신 한 분을 건강하게 지키는 데에도 온 마을은 필요하다'라고 말했다. 마을이라는 공동체가 의료와 건강 영역을 다룰 수 있다면, 작가가 꿈꾸는 '마을이라는 유토피아'는 현실이 될 수 있지 않을까.

  시어머니를 모시고 종합병원 외래 진료를 가는 날이면, 하루 종일 지난한 기다림이 반복되었다. 오전 9시 피검사, 오전 11시 신장내과, 오후 2시 심장내과, 다음은 외래 약국 그사이 지하 식당에서 점심 식사. 금식 후 방문해 오전을 꼬박 휠체어에 앉아 기다리거나 로비 의자에 누워 기다렸다. 집에 돌아올 때는 녹초가 되어서 주차장까지 갈 힘도 기나긴 택시 줄을 설 힘도 없었다. 그러니 자가용이나 대중교통이나 곤란하기는 마찬가지였다.

  이는 비단 내 시어머니의 경우에 국한되지 않는다. 외래 진료를 받으러 오는 노인들의 수발을 예순 넘은 딸이 하거나 쉰 중반의 아들이 한다. 다들 생업을 뒤로 하고 어렵게 짬을 내서 방문한다. 이런 일들이 우리의 현실이다. 우리는 자식이 많아서 번갈아 가면서 할 수 있지만, 자식이 없거나 자식이 있더라도 형편이 안 된다면 어찌할까.

의료생협이 지금보다 활성화한다면, 현재의 병원들이 패러다임을 조금만 환자 중심으로 바꾼다면, 그렇다면 어떨까.

노인들은 종합병원을 방문하여 여러 개의 진료과를 전전하지 않아도 될 것이고, 병원을 가기 위해 산 넘고 물 건너지 않아도 될 것이다. 가정의학과 주치의가 웬만한 약은 한 번에 처방해 줬으면 좋겠고 여러 가지 약이 겹치지 않는지 손주인 내가, 며느리인 내가 고민하고 체크하기 전에 먼저 신경 써 줬으면 좋겠다. 그런 것들이 필요하다고 말하는 낭만 닥터는 마지막 장에서 우리를 마중하는 세계에 대해 말한다.

3장에서 말하는 우리를 마중하는 세계는 결코 밝은 환대가 아니다. 우울한 이야기들이다. 우리에게는 불안하고 불평등한 미래들이 다가오고 있다. 특히 의료서비스 전문가로서, 현업 종사자로서 작가의 견해들은 읽으면 읽을수록 우울하다. 이 나라는 왜 이런 훌륭한 전문가를 찾아가서 자문을 구하지 않는 것일까.

내가 아직 젊었을 때, 엄마의 병원 진료를 동행한 적이 있다.

서른이 갓 넘었을 때였다. 나는 그게 서울이 아니고 동네 작은 병원이어서라고 생각하면서, 혹시 유명한 병원이 아니어서 그런가? 그런 생각을 하면서 엄마에게 물었다.

"엄마, 이 병원에는 할머니 할아버지들만 오나 봐."

그런데 엄마에게서 돌아온 대답은 뜻밖이었다.

"나이 들면 모두 병원에 오게 돼. 늙으면 원래 다들 아파."

이렇게 엄마는 가끔 무심히 당연한 소리를 한다. 당연한데 내가 몰랐던 이야기들을. 그런데 이제 알겠다. 나이가 들면 우리는 모두 아픈 몸이 된다. 그러니 병원을 찾고 약을 찾는 것이다.

이제 일흔이 조금 넘은 엄마는 시장에 가거나 은행에 가거나 병원에 간다. 엄마의 일상을 보면 물리치료 받으러 가는 일이 하루 일과 중 주된 일이다. 무릎이 아프거나 허리가 아프다. 한동안은 이명이 들렸고 또 한동안은 이를 새로 하느라 바빴다. 나라고 다를 리 없다. 어쩔 수 없이 노년에는 병원에 빈번히 다녀야 한다.

책이 르뽀로 시작하여 에세이를 지나 인문서로 마무리되는 사이, 나는 왕진에 대해 줄곧 생각했다. 그리고 요즘 인기가 많은 한 노년내과 의사 선생님에 대해서도.

늙는 와중에 덜 아프고 싶고 병원에 다닐 때도 죽을 때도 안심하고 싶고 존엄하고 싶다. 기본적이고 근본적인 바람이다. 세상엔 똑똑한 사람들이 정말 많고 기술은 더할 나위 없이 진보했다. 한국의 의사들은 매우 훌륭하고 IT는 강국이 된 지 오래다.

그 훌륭한 자원들이 빛을 발하여 의료 서비스에서 소외된 지역과 소외된 노인이 없는 세상, 정말 만들기 어려운 일일까? 아니, 할 수 있을 것 같은데 언제쯤 가능할까? 내가 죽기 전에 아니면 내가 죽고 나면. 그래도, 오긴 왔으면 좋겠다.

노년계발

자기계발은 지속된다, 노년까지도

마녀체력(이영미)
『미리, 슬슬 노후대책』
남해의봄날

"50대의 어학연수는 생각보다 할 만했습니다."

57세 일본인 학생이 졸업 연설에서 말했다. 이런저런 걱정을 품고 유학길에 올랐는데, 쉰일곱은 어학연수 오기 딱 좋은 나이였다고.

나는 대학교 어학당에서 외국인들에게 한국어를 가르친다. 교실 속 학생들의 연령대는 대부분이 2~30대. 가끔 40대나 50대도 있고 아주 가끔 60나 70대도 있다. 나이가 많은 학생들은 당연히 젊은 사람들보다 빠릿빠릿하지 않지만, 그에 못지않은 열정과 지력을 보여준다. 어쨌든 많은 나이에 공부를 선택한 학생들을 보면, 외국인이기에 가능한 선택이 아니었을까 생각한다. 외국인들은 확실히 한국인들보다 타인의 시선으로부터 자유로우니까.

귀엽고 똑똑한 인상의 학생은 단상에 서자마자 90도로 인사를 꾸벅하면서 자기 나이부터 밝혔다. 그리고 이 자리에 서게 되어 영광이라고 상기된 목소리와 훌륭한 발음으로 말한 후 바로 돋보기를 썼다. 우리는 그 시점에 크게 웃으면서 마음이 열렸고 그렇게 학생은 시작부터 좌중을 사로잡았다.

일본에서 오랜 기간 기자로 활동했다는 그녀는 주로 K팝과 K산업 분야를 취재했다고 한다. 본인은 자신의 일을 정말 사랑하는데, 100세 시대인 요즘 통역 없이 일하는 자신을 꿈꾸며 늦은 나이에 유학길에 올랐다고. 늦은 나이여서 걱정이 많았지만 그녀는 훌륭하게 해냈고, 이제 가장 고급 과정인 7급을 앞두었다.

나이 많은 본인과 즐겁게 놀아 준 반 친구들에게 무한 감사를 보낸다는 말, 나이가 아주 많은 학생을 잘 품어준 한국어 교사들 덕분에 잘 지냈다는 말, 어학연수의 가장 큰 걸림돌은 단지 노안이었다는 말, 청춘이 아니므로 연애도 안 해도 되고 외모도 신경 안 써도 되어서 너무 자유로웠다는 말. 그 모든 말들이 하나하나 가슴에 폭 감겼다. 그녀의 말이 너무도 진정성이 있어서인지 아니면 나에게 이제 노년은 더 이상 남의 일이 아니어서 그런지, 나는 꽤 긴 시간 지루하다는 생각을 할 틈도 없이 연설에 빠져들었다.

『미리, 슬슬 노후대책』의 부제는 '노년에 후회 없도록 대비하는 인생책'이다. 부제의 앞 글자를 따서 '노후대책'. 마녀체력(이영미) 작가는 『마녀체력』(남해의봄날), 『마녀엄마』(남해의봄날), 『걷기의 말들』(유유)로 유명한데, 필명에서 느껴지는 것처럼 운동에 진심이다. 작가가 전작에서 중년 운동의 필요성을 역설했다면, 이번 책에서는 노년을 대비하여 어떤 준비를 해야 하는지 선배로서 모든 노하우를 전한다. 큰언니가 노년을 눈앞에 둔 동생들에게 사랑을 담아 말하는 느낌이다.

모든 것은 건강에서 시작되니까 체력을 키워라, 그런데 노년이 되면 체력만으로 충분치 않다. 전방위적 접근이 필요한데 지금부터 들려 줄 테니 잘 들어 봐.

그러니까 이 책은 노년의 자기계발서다. '본격 노년 준비 실무서'라고 해야 할까. 작가는 서문에서 말한다. 내리막길에서 설레려면 준비를 해야 한다고. 준비해야 할 것은 정말 많다. 작가는 그것을 속성별로 분류했는데 '의젓한 태도', '쫀득한 관계', '줄기찬 도전', '살피는 마음', '꼿꼿한 판단'이 그것이다.

일단 근사한 노년이 되려면 본인의 삶에 대한 태도를 재정비해야 하고, 주변 사람들과의 관계를 잘 다져야 한다. 다음으로 노년에도 여러 가지 도전을 하면서 본인의 삶을 풍부히 해야 하고 노년이 되면 무엇보다 주변을 잘 살필 줄 알아야 한다. 그리고 신체는 노화해도 판단력을 잃지 않아야 꼿꼿하게 삶을 마무리할 수 있다.

이 중 '줄기찬 도전' 카테고리에 외국어 공부 꼭지가 있었는데, 글을 읽으면서 나는 자연스럽게 57세 어학 연수생의 연설을 떠 올렸다. 책에 나오는 스페인어를 배우러 간 예순의 할아버지, 3개 국어에 능한 똑순이 할머니가 바로 내 옆에도 있었다. 그녀는 멋들어지게 어학연수를 해냈고 작가의 말대로 이제 폼 나게 써먹을 일만 남았다. 멋있고 부럽고 자랑스럽다. 그리고 질투가 난다. 나도 저렇게 하고 싶고 할 수 있을 것만 같다. 독자에게 하고픈 의지를 주었으니, 자기계발서가 정말 제대로 본연의 기능을 다했다.

물론 나라면 해리포터 또는 무라카미 하루키 원서에 도전하거나, 역으로 재미있게 읽은 우리나라 책이 외국어로는 어떻게 번역되어 있는지 읽어 보는 도전을 했을 것이다. 외국어라고 해도 저마다 도전해 보고 싶은 분야는 각양각색, 다채로울 것이다. 누구는 여행 누구는 드라마 누구는 좋아하는 배우나 아이돌 '덕질'.

책에는 여러 가지 다른 종류의 줄기찬 도전들이 정말 줄기차게 소개된다.

운동하는 근육질 할머니 긴즈버그, 20년 직장생활 후 전문 화가가 된 김미경 작가, 마흔넷에 토지 1권을 쓰고 예순아홉에 완간한 박경리 작가, 그리고 27년 간의 편집자 생활 끝에 작가로 변신한 작가 본인. 멋진 노년이다. 한 살이라도 젊을 때 딴짓을 시도하라는 조언을 읽을 때에는, 얼마 전 만난 70대 여고생이 떠올랐다. 늦은 나이에 여고생이 된, 돋보기를 쓰고 배낭을 짊어진 일흔 살 노인. 더 늦기 전에 글을 배우기로 결심한, 초등학교에 들어가기로 결심한 노인이었다.

내 친언니는 '성인 문해 학교'에서 일한다. 우리는 자매가 모두 국어를 가르치는데, 언니는 나이 많은 어르신들에게 나는 외국인들에게 가르친다. 얼마 전 그 학교에 갈 일이 있었다. 나도 말로만 들었지 학교에 들어가 보기는 처음이었다.

학교 안뜰에 들어서자마자 위층에서 들리는 노래 소리. 딱 여고에서 들릴 법한 아름다운 풍경이었다. 그리고 1층 컴퓨터실 창문으로 보이는 광경. 학생들은 모두 돋보기를 장착하고 일사불란하게 교사의 지시에 따라 키보드를 두드리고 있었다. 나는 여기가 어딘가, 너무나 평화로운 그런데 뜨거운 열기에 눈이 뜨거

왔다. 이런 곳이 있구나. 여기가 말로만 듣던 그 성인 문해 학교구나.

쉬는 시간에 만난 학생 중 한 명은 곧 수능을 본다고 했다. 그래서 너무 떨린다고. 과천에서 신촌까지 매일 등교한다는 또 다른 학생은 멀어서 힘들겠다는 내 말에 이렇게 대답했다.

"하나도 안 힘들어요. 수원에서 다니는 언니들도 있는데요, 뭘. 이 정도면 다닐 만해요."

학생은 내 엄마보다 좀 젊어 보였으니 60대 중후반쯤 되었을 텐데, 학생이 언니라고 말하는 또 다른 학생들은 그렇다면 나이가 어떻게 되는 걸까?

평생의 갈망, 억울함, 설움이 공부를 통해 해소된다. 평생의 한을 푸는 것이 아니라 내가 더 나아지는 과정에서 평생의 결핍이었던 문맹을 벗어난다면, 그것보다 더 만족스러운 자기계발이 어디 있을까. 그야말로 꿩 먹고 알 먹기. 자기계발도 하고 인생 설움을 없애니 심리 건강에도 좋다.

자기계발이라는 것이 꼭 새로운 도전만을 의미하는 것은 아닐 테다. 나는 근본적으로 나에게 부족한 것, 그러니까 내가 결핍을 느끼는 어떤 것을 정상성의 범주에 들어가게 하는 것도 자기계발이 될 수 있다고 생각한다.

그렇다면 나는 어떤가. 나는 어떤 결핍을 평생 갖고 살았나.

나는 평생 '내 인생의 건강성'을 읽는 시간이 얼마나 확보되는지로 가늠했다. 하루에 십분도 책을 읽지 못하고 살 때에는 내 직업을 회의했고, 하루에 서너 시간씩 읽을 시간을 확보했을 때에는 내 인생 이 정도면 행복하다 느꼈다. 출퇴근 지옥철이 힘들어도 서서 책을 들고 읽을 수 있으면 되었고, 사무실 내 자리에서 제일 하고픈 일은 책읽기였다.

시간이 없어도 들고만 다니더라도 내 가방과 자동차 트렁크 곳곳에는 항상 책들이 있었다. 경제적으로 빈곤한 시절에도 책 하나만은 사치를 부렸고, 책 사는 데 쓰는 돈은 아깝지 않았다. 우울할 때 외로울 때 인생의 전환점이 필요할 때도, 기쁘고 행복한 날에도 서점에 갔다. 그렇게 읽는 것을 좋아했던 난데 지금은 쓰는 것이 더 좋다.

내 모든 읽는 날들은 이렇게 쓰는 날들을 위한 준비의 시간이었나 보다. 그래서 나는 남은 인생 동안 줄곧 쓸 생각이다.

집안일하고 아이 돌보고 회사 일 하고, 그런 것들로부터 점점 더 자유로워지고 있다. 언젠가는 모든 것이 스위치 끄듯 끝이 날 것이다. 노년이 되면 나는 자유롭게 마음껏 읽고 쓸 것이다.

출근하지 않아도 되니 출근 준비도 하지 않아도 되고, 월요일이 중요하지 않으니 일요일 밤늦게까지 읽고 써도 된다면, 내 인생 그보다 행복할 수는 없을 것 같다. 나에게 읽고 쓸 시간의 부족은 바로 결핍이었으므로 노년이 되어 시간 부자가 된다면 나의 모든 결핍은 싹 사라질 것이다. 그 생각만 하면 기분이 좋아진다.

노년에는 갖고 있는 게 사라진 만큼 가벼워질 수 있을 것 같다. 나에게는 가족들을 돌보는 것과 집안일하는 시간이 그렇다. 내가 챙길 대상들이 여러 가지 방식으로 사라지면 나는 무척 슬프고 외롭겠지만, 그만큼 자유로워질 것이다. 가진 게 없으면 잃을 것도 없다고 했던가. 씁쓸하게 얻은 자유지만 어쩔 수 없다. 그걸 즐겨 보는 수밖에.

신체노화

환갑과
일자리

최진영 「디너코스」
(소설집 『쓰게 될 것』 중)
안온북스

「디너코스」는 최진영 작가의 소설집 『쓰게 될 것』에 수록된 단편이다. 나는 소설을 좋아하는데, 소설 중에서도 밑줄 긋고 싶고 인덱스를 붙이고 싶은 구절이 많은 '에세이 같은' 소설을 좋아한다. 책을 다 읽은 후에는 인덱스를 붙여 놓은 부분만 다시 한 번 천천히 읽는 나만의 기쁨의 의식을 누리는데, 그럴 때 작가에게 동화되는 기분을 느낀다. 이런 취향은 뭔가 일반적이지 않다고 생각했는데, 책의 마지막에 실린 '작가 인터뷰'에서 인터뷰어 임지은 님도 비슷한 말을 했다. 최진영 작가의 소설에서 소설과 에세이의 교집합을 본다고.

최진영 작가의 소설은 장르를 불문하고 어느 단락은 내 매일의 단상과 비슷한데, 같은 소설집에 실린 SF 단편 「인간의 쓸모」 또한 그랬다.

「디너코스」는 중식당에 간 4인 가족의 이야기다. 예순 즈음의 부부는 서른 즈음의 두 딸과 환갑을 맞아 중식당에 간다. 중식당 이름은 얄궂게도 〈화양연화〉다. 작가가 의도한 것인지는 모르겠지만 4인 가족이 모여서 환갑 파티를 하기에 화양연화(花樣年華)란 이름은 너무나도 적당하다. 왜냐하면 아직 많이 늙지는 않은 부부와 인생의 황금기에 있는 서른 즈음의 두 딸, 그 가족 구성원들의 나이 때문이다.

나는 서른에 결혼해서 다음 해 아이를 낳았다. 엄마 아빠는 지금도 종종 이야기한다. 도현이 어릴 적, 안고 다니고 업고 다니고 걸려 다닐 때, 그때가 참 좋았다고. 본인들도 30대 중후반 어느 때쯤엔가, 부모 젊고 아이들 어렸던 그 시절에는 아무 걱정이 없었다고. 지금도 생각이 난다. 아빠가 술만 드시면 반복했던 그 말.

"부모 젊지, 늬들 어리지, 참 그때는 아무 걱정이 없었다."

아빠가 얼마 전 수술을 받았다. 절대 가벼운 수술이 아니었는데, 평소에 건강관리를 잘했던 덕분에 아빠는 수술을 잘 받고 회복 중이다. 하지만 나는 안다. 우리 가족의 화양연화는 지나갔구나. 우리 가족의 호시절은 이제 과거가 되었구나. 아빠는 올해 77세가 되었고 여전히 일을 하는데, 이번 수술 때문에 회사에 병가를 냈다. 조금 더 쉬거나 이번 기회에 일을 정리하는 게 어떻겠느냐고 말하는 나에게 아빠는 말한다.

"쉬면 또 뭐하냐?"

아빠 인생은 칠십 평생 너무나도 회사원이었다. 아빠의 딸답게 사십 평생 너무나도 회사원인 나는 그 말을 이렇게 받았다.

"그치, 쉬면 또 뭐해. 그냥 다녀."

50년 넘게 회사에 다니는 아빠와 20년 넘게 회사에 다니는 딸은 생각의 폭이 좁아 일이 나를 살게 했다고 너무도 쉽게 인정해 버렸다. 일 안 하면 또 뭐 할 거냐고. 태어나서 한 번도 일을 안 하고 산 적이 없을뿐더러 일을 안 하고 사는 삶을 상상해 본 적도 없는 우리는 함께 나란히 오랫동안 회사원으로 살고 있다.

「디너코스」 속 오늘의 주인공, 60세 오석진은 5년 전 명예퇴직을 했다. 이후 55세 경력직으로 취업 시장에 나왔는데, 마땅한 자리를 찾지 못했다. 55세 경력직 오석진은 아마 일자리도 놀 자리도 찾기 어려웠을 것이다. 하지만 오석진은 전전긍긍하지 않는다. 주식도 하고 대리운전도 하고 당구도 친다. 유유자적해 보이기까지 한다. 소설 속 아빠 오석진은 현실 속 내 아빠와는 완전히 다른 캐릭터다.

아빠가 명예퇴직을 한 나이가 51세였다. 내가 대학교 2학년 때였는데, IMF로 '황(당한)퇴(직)'가 유행일 때였다. 사장은 그 당시 아빠처럼 더 이상 승진할 자리가 없는 팀장들을 대상으로 순차적으로 점심 약속을 잡고 있다고 했다. 점심에 초대받은 사람은 퇴직 대상자이고, 아빠는 언제쯤 점심 식사에 초대받을 것인가 심난해 하면서 출퇴근을 반복했다. 그리고 아빠의 퇴직이 결정된 때에 아빠는 나에게 가슴 아픈 말을 남겼는데 그날의 대화가 잊히지 않는다.

"우리 딸 대학 졸업도 못 했는데 아빠가 실업자가 되어서 어쩌냐."

「디너코스」속 첫째 딸 나영은 사회 초년생이다. 열심히 대학을 다녔고 수습 기간을 거쳤고 마침내 정식사원이 된다. 정식사원이 되면서 길었던 출퇴근 시간에서 탈출해 회사 근처로 독립도 한다. 알뜰살뜰 월급을 모아 학자금 대출을 갚고 월세를 내고 이리저리 재가면서 소비를 하고 그렇게 사는 중이다. 착착착 계획에 맞게 살아가는 나영은 비혼이다. 나영은 부장이 너무 싫다. 능력 없는 부장 때문에 젊은 직원들은 항상 그것을 수습하느라 바쁘다. 아빠의 회갑 날, 나영은 요즘 본인을 분노하게 하는 팀장처럼 아빠도 회사에서는 누군가에게 그런 존재였을까 생각한다.

그런 생각이 드는 시기가 있다. 그저 단순히 우리 아빠 참 고생했지, 그런 뻔한 공감을 넘어서는 순간. 구체적으로 아빠의 직장 생활은, 아빠의 중년은, 아빠의 첫 퇴직은 어땠을까 상상하게 되는 시점. 그저 공감하는 것과 내가 겪은 후 당사자의 마음을 짐작하는 것은 아주 많이 다르다. 그런 의미에서 겪어 봐야 안다는 말에 나는 아주 깊이 동의한다. 우리는 겪은 만큼 밖에는 절대 알 수 없다. 소설 속 나영이 아빠의 부장 시절을 떠올린 것은 나영이 이제 완전한 100%의 회사원이 되었기 때문이다.

퇴직 후 아빠는 오랫동안 자리를 잡지 못하고 여러 직장을 옮겨 다녔다. 사무직과 관리직만 했던 아빠는 가리지 않고 온갖 험한 일에 도전했다. 9시 출근 6시 퇴근을 칼 같이 지키며 반복했던 아빤데, 이제는 해 뜨기 전에 출근해 달이 떠야 퇴근했다. 때가 되면 착착 승진하고 월급이 오르고 해외 연수까지 보내주던 삶은 없어졌고 규칙과 질서라곤 없는 비정규직을 전전했다. 어느 날 아빠 차에 탔는데, 계기판 언저리에 작은 메모가 붙어 있었다.

06:30 - 22:00

05:30 - 20:30

매일 출근 시간과 퇴근 시간을 기록한 메모였다. 노동 시간은 어느 때는 18시간, 어느 때는 16시간이기도 했다. 이것을 기록하다니. 시간을 나타내는 숫자 외에는 어떠한 메모도 없었지만, 그것만으로도 충분했다. 아빠가 얼마나 복잡한 마음으로 일자리를 지키고 있는지. 그러던 아빠가 기적처럼 다시 제대로 된 직장을 잡던 날, 우리는 소고기를 먹으러 갔다. 그리고 아빠는 말했다.

"딱 10년 걸렸다. 소고기 먹고 살기, 참 어렵다."

아빠는 마침내 다시 주류의 삶을 이뤄냈다. 아빠의 끝없는 노력과 상상하기 어려운 행운의 합이 만들어 낸 결과였을 것이다. 해피엔딩이어서 얼마나 다행인지.

「디너코스」의 아빠는 내 아빠와 다르게 퇴직 후 아마추어의 삶을 반복한다. 무책임하고 무능력하고 무모한 성정의 그는 강물이 흘러가듯 인생을 산다. 그리고 이제 친구가 하는 카페의 바리스타가 될 생각에 살짝 설렌다. 둘째 딸은 혹시 아빠가 노인연금도 어디다 투자해 날린 것은 아닐까 우스개 소리를 하는데, 그럴 만큼 「디너코스」 속 아빠는 무모하고 대책 없고 해맑다.

나는 이런 아빠는 잘 모른다. 책임감 강하고 점잖고 개념 있고 능력 있는 그런 아빠만 보면서 살아왔다. 나의 세계는 이렇게 좁다. 그런 아빠를 가져서 그저 감사하다, 충분하다, 생각하면서는 살았다. 하지만 55세의 나이에 퇴직해서는 여러 아르바이트를 전전하면서, 불행해하지 않고 미안해하지 않는 「디너코스」의 아빠 오석진은 나에게 조금 생경하다.

그런데 사실 55세 경력직이 제대로 된 다음 직업으로 평행이동 하기란 얼마나 어려운가.

SNS에서 실버 취준생으로 유명해진 (지금은 작고하신) 이순자 작가는 에세이 『예순 살 나는 또 깨꽃이 되어』(휴머니스트)에서 예순 즈음의 나이에 시도한 모든 일들을 열거했는데, 모두 청소와 돌봄과 주방일에 관계된 계약직이었다. 50대 중후반, 60대 초중반은 그런 나이인가 보다. 아직 더 일해야 하지만 마땅한 일자리를 찾기 어려운 나이, 젊은 노년. 아직 살날이 많은 것을 알지만 일할 날은 많지 않아 두렵고 못마땅한 시기.

그런 의미에서 소설 속 오석진의 행보는 소설이기에 가능하면서 소설이기에 흥미롭다. 일자리는 못 찾았지만 내 예상과 달리 놀 자리는 잘 찾아 잘 놀며 잘 사는 사람. 소설 말미에 첫째 딸 나영은 어렴풋이 알게 된다. 아빠 오석진은 어쩌면 해맑고 무모하다는 표현만으로는 설명이 부족한 사람일지도 모른다고. 그보다 복잡한 마음을 가졌을 거라고. 아빠는 한 번도 주먹을 불끈 쥐고 살아본 적은 없지만, 긴 인생을 여태껏 살아 냈고 그것은 아빠 오석진만의 방식일 수 있으니까.

그리고 나도 책의 마지막에 이르러서야 식당 이름이 왜 화양연화인지를 깨달았다. 작가는 이렇게 말한다.

예순이란 나이는 "황혼보다는 정오, 디너보다는 런치에 가까운 나이"라고. 그렇다면 환갑은 딱, 인생의 '화양연화'를 지나는 순간이지 않은가.

일자리

예순 살,
내가 할 수 있는 일이란

이순자
『예순 살 나는 또 깨꽃이 되어』
휴머니스트

    깨꽃은 어떻게 생겼을까. 인터넷에서 깨꽃을 찾아보니, 새빨갛고 오밀조밀한 것이 아주 예쁘다. 꽃말은 불타는 생각. 불타는 열정이나 불타는 사랑이었다면 그냥 그랬을 텐데, 불타는 생각이라니 왠지 좀 안쓰럽다. 불에 탈 정도로 무엇을 그렇게 고심한다는 것일까. 빨갛고 화려하게 예쁘지만, 불탈 정도로 고심하는 꽃. 깨꽃.

    『예순 살 나는 또 깨꽃이 되어』는 이순자 작가의 유고 산문집이다. 작가 본인은 본인의 글이 이렇게 책이 되어 세상에 나온 것을 알지 못한다. 책은 작가가 세상을 떠난 후, 가족 동의 하에 발간이 진행되었다. 작가의 첫 책이 유고작이라니. 작가의 글에 빠져든 나 같은 독자들은 어찌할 바를 모른다. 작가의 다음 글이 읽고 싶은데, 작가에게 작가의 글 덕분에 많은 위로를 받았다고 말해 주고 싶고 작가를 응원하고 싶은데, 방법이 없다.

작가는 54세 나이에 대학에서 문예 창작 공부를 시작했다. 그리고 62세부터 65세까지 겪은 시니어 일자리 탐험담을 글로 썼고, 그게 '매일시니어문학상'에 당선되었다. 작가는 시상식에도 참여했다. SNS에서는 많은 독자들이 작가의 글에 환호했고 작가를 궁금해 했다. 하지만 지병으로 인해 갑자기 세상을 떠났다. 그렇게 되었다.

책의 1부와 2부는 작가의 삶을 담은 수필이고, 3부는 문학상에 당선된 그 글 「실버 취준생 분투기」 전문이다. 서문은 작가의 딸이 썼다. 「실버 취준생 분투기」는 제목 그대로 60대 여성 노인의 일자리 이야기다. 작가는 62세부터 65세까지 여러 일자리를 전전한다. 수건 개기, 백화점 청소, 건물 청소, 어린이집 주방 도우미, 아기 돌보미, 요양보호사, 장애인 활동 지원사. 모두 몸으로 하는 일이었다.

근무 환경이 열악하고 처우가 좋지 않은 일들이었고 작가의 경우 신체적으로 약한 부분이 있어 더욱 힘들었을 것이다. 그런데 정말 작가는 근면 성실하고 치열하게 일했다. 그리고 정말 부당한 것에는 굴복하거나 눈을 감지 않고 용기 있게 반발했다. 당장 생활이 어려워 일을 나간 마당에 쉽지 않은 일이었다. 아니 대단히 어려운 일이었다.

60대 여성의 일자리는 시작부터 팍팍했다. 작가는 자기계발을 통해 일자리로 이어질 수 있을 만한 것들을 부단히 준비했으나, 우리 모두 알다시피 무슨 무슨 자격증은 생각보다 일자리로 이어지기가 쉽지 않다. 60대에 새롭게 일자리를 찾는다면, 시간제 일자리와 육체노동 일자리가 대다수다.

작가는 여러 가지 직종을 넘나들면서 치열하게 일하지만, 계속 부딪히고 반복해서 좌절한다. 조금 젊어서부터 했더라면 고되더라도 노련함이라는 것도 함께 생겼을 텐데, 예순 넘어서 청소일과 이런저런 돌봄 도우미 일을 시작하기란 진심으로 힘들었을 것이다.

그리고 사회 전반에 깔린, 고용인이 피고용인을 하대하는 문화. 직업이 곧 그 사람의 계급인 듯 착각하는 문화는 늦은 나이에 더욱 견디기 힘들었을 것이다.

작가는 모든 일화들을 당당하게 써 남겼다. 담담함이 아니라 당당함이었다. 이순자 작가의 글에 많은 독자들이 환호했던 것은 그 단단한 당당함에 가슴이 뭉클해졌기 때문이었다.

어렸을 때 한 동네 살았던 이웃 아주머니들은 대개 가정주부였다. 그때는 아빠는 회사 가고 엄마는 집에서 살림하는 것이 보통이었다. 일하는 엄마는 많지 않았다. 성인이 되고 나서 우연히 한 아주머니의 소식을 들었는데, 가사 도우미를 시작했다고 했다. 그게 계기가 되어 다른 아주머니도, 또 다른 아주머니도 가사 도우미를 시작했다는 이야기를 들었다.

배운 것 많지 않고 경력 없고 나이 많은 여성 노인들이 가장 진입하기 쉬운 직업이 바로 가사도우미였다. 본인들은 할 수 있는 일이 있어 참 다행이라고 말했지만, 소식을 듣고 많이 안타까웠다. 예순의 나이는 가만히 있어도 아픈 곳이 우후죽순 생길 나이인데, 그 나이에 시작할 수 있는 직업이 육체노동뿐이라는 것이 서글펐기 때문이다. 그리고 그제야 미디어에서만 보던, 신문 지상에서만 보던 여성 노인의 일자리 현황이 현실로 느껴졌다.

가끔 나의 60대 일자리를 상상한다. 나는 지금 외국인들에게 한국어를 가르치고 있는데, 퇴직까지 불과 10년 조금 넘게 남았다. 물론 그것도 내가 법적으로 노동 가능한 날까지 꽉 채워 일한다는 전제이다. 공무원도 아닌데 법적 퇴직 나이까지 당당하게 일하기는 쉽지 않다. 아무튼 그렇게 내가 예순 살까지 일하고 퇴직한다고 하면 그 후에는 어떡할 것인가.

내가 가진 진취성을 끌어모아, 퇴직 후 비슷한 분야에서 여러 가지 일을 시도해 볼 수도 있겠다. 하지만 체력도 소득도 점점 줄어들 것이다. 완연한 노년이 되면, 3~40대에 어떤 일을 했던 모두가 비슷하게 경쟁력이 없어진다. 노동 시장에서 나이는 매우 큰 경쟁력이다. 백 보 양보해 60대 중반까지 어찌어찌 비슷한 직종에서 일한다고 해도, 내가 일흔 넘어 생계를 감당할 수 있는 어떤 종류의 일을 할 수 있을지 나는 아직 모르겠다. 얼마 전 그런 고민을 하다가 내게 일어날 수 있는 일은 로또 당첨뿐이라는 결론에 이르기도 했다. 노년의 수입원은 그만큼 상상도 기대도 어렵다.

에필로그에서 작가는 1년 전 기초생활수급자가 되었고 그래서 쓰는 일에만 집중할 수 있어서 너무 좋다고 썼다. 그 1년 남짓한 기간 동안 작가가 쓴 글이 시니어 문학상에 당선도 되고 다른 글들을 모아 책이 되었다.

그녀는 이제 막 시작하는 작가였다. 파릇파릇한 작가. 작가만이 쓸 수 있는 많은 이야기들이 있었을 텐데. 그런데 황망히 세상을 떠났다. 그 부분을 읽으면서 독자인 나도 참 기가 찼는데 작가는, 그리고 작가의 가족들은 어땠을지.

작가는 사랑의 결핍이 사랑을 낳았다고 말한다. 본인은 사랑받지 못했고 서럽게 살았으나, 그래서 더 사랑을 주고 살 수밖에 없었다고. 그녀는 가족 내에서 여성으로서 서러운 삶을 살았고 시대적으로 궁핍했고 신체적으로도 병이 있어 억울함이 많았다. 하지만 결핍이 인간에게 줄 수 있는 것 중에는 분명 좋은 것도 있다. 작가는 그것들에 대해 말했고 나는 설득되었다. 나도 조금은 아는 그것이다.

삶의 시련이 올 때 살짝 딸려 오는 선물 같은 시간과 관계들. 인생 내내 서러웠다고 설움 있는 모든 이들이 다른 이들에게도 설움만 주고 살지는 않는다. 내가 서러움을 잘 알아서, 다른 존재에게 서러움을 주려 하지 않는 사려 깊은 사람들이 세상에 정말 많다. 작가는 그런 사람이었다.

작가는 가슴 속에 별을 가지고 있다가 그 별을 꺼내 닦아 되돌려 준다고 말한다. 누군가에게서 받은 사랑은 작가의 가슴 속에 별처럼 담겨 있고, 받은 사랑을 줄 수 있는 시점에 그 별을 꺼내어 닦아 준다고 한다.

이꽃님 『행운이 너에게 다가오는 중』 문학동네

소설 『행운이 너에게 다가오는 중』에서 이꽃님 작가는 불공평한 인생이지만, 불공평한 인생에 손을 내밀어 주는 건 언제나 다시 인간들이라고 말한다. 우리 모두의 삶은 그렇다. 작가는 그것을 놓치지 않고 잊지 않고 되돌려 주는 삶을 실행하는 사람이었다.

서른 살, 뭣도 모르고 엄마가 되었을 때 이웃에 살던 아주머니가 백김치를 담가 왔다. 젖 먹이는 엄마가 빨간 김치 먹으면 안 되니까 백김치를 담가 왔다고 했다. 한 동네에서 유치원 다니고 초등학교 가고 중학교 가던 내가, 어느새 어른이 되어 아이를 낳았다고 하니 얼마나 기특하고 신기했을까. 그 마음이 이제야 이해가 간다. 그래도 가족도 아닌 누군가가 김치를 담가서 가져오는 것은 참 흔치 않고 쉽지 않은 일이다. 나는 그것을 잊지 않고 있다. 아니, 잊어서는 안 된다.

나는 어떤 정성은 꼭 되돌려 주어야 한다고 생각한다. 그래서 살다가 내 정성이 필요할 때, 내 손길이 필요할 때, 꼭 내가 거기에 나타나고 싶다. 나는 그런 내가 갚아야 할 정성들을 떠올릴 때마다 매우 비장해진다. 잊지 말아야지. 꼭 되돌려 줘야지.

작가는 벽이 되고 싶다고 말한다. 일흔이 가까운 나이에 아직도 누군가의 벽이 되고 싶어 한다. 가족의 벽, 내 자식의 벽이 되고 싶은 마음은 흔히 있다. 하지만 내 주변의 사람에게 든든한 벽이 되고 싶은 마음은 아무나 가질 수 없다. 특히나 몸이 약하고 경제적으로 넉넉지 못했던 이순자 작가의 경우라면 더욱 쉽지 않은 생각이다.

당당했던 작가, 결핍을 사랑으로 바꾸어 훌륭히 살아 낸 작가, 미래에 써낼 글이 많았던 작가. 그런 작가의 다음 글을 읽을 수 없어서 매우 슬프다.

봄에 산에서 들에서 빠알간 깨꽃을 보면, 그때 꼭 이순자 작가를 떠올릴 일이다. 떠올릴 수밖에 없겠다.

2부

가족과 네트워크

엄마와 딸

죽기 전에
화해해야지

사노 요코
『시즈코 상 : 그럼에도 엄마를 사랑했다』
아름드리미디어

『시즈코 상 : 그럼에도 엄마를 사랑했다』는 단 세 개의 장으로 구성된다. 추천사, 시즈코 상, 역자의 말. 시즈코 상은 사노 요코 어머니의 이름이다. 추천사에서 정혜윤 작가는 이 책을 읽는 사람은 당장 자신의 엄마 아빠에 대해 이야기하고 싶은 충동을 느낄 거라고 말한다. 그게 책의 시작이었다. 나도 그랬다. 책을 읽는 내내 나도 내 엄마에 대해, 시어머니에 대해 말하고 싶었고, 쓰고 싶어졌다. 나는 시어머니와 아주 잘 지냈다. 내 평생 시어머니처럼 사랑스러운 할머니를 본 적이 없고, 시어머니의 모든 말에 매료되었다. 그래서 시어머니에 대한 이야기를 글로 썼고, 내 첫 책 『연애(緣愛)』가 나왔다. 그런데 나는 내 엄마에 대해서는 쓰고 싶었던 적이 한 번도 없었다.

  말하고 싶지도 쓰고 싶지도 않았다. 엄마와 나 사이에 큰 갈등이 있었다거나 얼굴만 보면 서로 으르렁거린다거나 그런 것은 아니지만, 나는 엄마에 대해 생각하거나 이야기하는 것을 멀리하면서 살았다. 그런데 『시즈코 상 : 그럼에도 엄마를 사랑했다』를 읽으면서 처음으로 한 번, 엄마에 대해 써 볼까, 엄마와 나 사이를 들추고 싶은 마음이 들었다. 이제 나도 우리의 이야기를 들춰낼 때가 왔구나 싶었다.

  사노 요코는 고독하고 다정한 작가다. 내가 작가의 전작을 읽지 않았더라면, 서점에서 대번에 이 책을 고르지는 않았을 것이다. 책 표지에 쓰여 있는 키워드들 '극적 화해'라거나 '그럼에도 엄마를 사랑했다'라거나 '엄마를 사랑하지 않는 딸' 등은 내게는

서민선 『연애(緣愛)』 머메이드

그다지 매력적인 문구가 아니었다. 너무 흔하지 않은가 그렇게도 생각했다. 그런데 그림책 『100만 번 산 고양이』(비룡소)를 쓴 그 작가 사노 요코라고? 그렇다면 이 책은 뭔가 짐작하기 어려운 사연을 담고 있을 거라는 생각이 들었다.

일본에서는 요양시설을 '노인 홈'이라고 부르는데, 책에는 사노 요코가 어머니를 노인 홈에 보낸 이후의 이야기들이 나온다.

작가는 자기가 어머니를 노인 홈에 버렸다면서 깊은 죄책감을 느낀다. 동시에 최고로 시설이 좋은 노인 홈에 모시는 것으로 본인이 면피를 하려고 한다면서, 그것에 대해서도 죄의식을 느낀다. 자기가 어머니를 지게에 지고 가서 내다 버린 것과 같다고 자책하면서.

작가는 다정한 딸이 아니었다. 그리고 작가는 어머니를 엄마로서뿐만 아니라 사람으로도 싫어했다고 말한다. 그래서 자라면서도, 어머니가 노인 홈에 들어간 이후에도, 단 한 번도 다정하지 못했다고 고백한다. 그런데 작가가 엄마를 사람으로도 싫어했다고 말할 때의 태도는 징글징글함과 지겨움이 아니라 고백에 가까웠다. 했던 말을 반복하면서 엄마가 싫다고 울부짖는 것이 아니라, '나 사실 엄마가 좀 그랬어'라고 툭, 마음을 열어젖히는 느낌이었다. 그런 마음이 느껴져서 책을 읽는 나도 가벼운 해방감을 느꼈다. 와, 이런 말을 해도 되는구나.

그리고 이런 생각도 들었다. 엄마로서뿐 아니라 사람으로서도 안 맞는 사이였다면, 그것은 정녕 그 누구의 잘못이 아닐지도 모른다. 그건 그냥 서로 성격이 안 맞는 것이다. 가족끼리도 성격이 안 맞는다면 서로 사랑하지 않을 수 있다. 그렇다면 가족을 사랑하지 않은 죄책감으로부터 당당할 수 있다.

작가는 다정한 엄마를 바랐는데 엄마는 다정하지 않았다. 그래서 다정한 작가는 엄마에게 친절하지 못했다. 엄마는 똑똑한 딸이 질투가 났고 작가는 엄마가 원하는 고분고분한 딸이 될 마음이 없었다.

사는 동안 한결같이 서로 다른 곳만 바라보았던 엄마와 딸, 그들이 서로를 다정하게 바라보게 만든 것은 엄마의 치매였다. 망각이 신이 준 선물이라더니, 모녀에게는 엄마의 치매가 전환점이 되어 주었다. 작가도 엄마도 서로에게 난생처음 솔직해지면서, 둘의 관계는 서서히 갈무리가 된다. 서로에게 다정해지고 솔직해지고 속마음이 나오니 서로를 이해하기에 이르렀다.

나는 천성이 다정한 사람이다. 타인의 작고 사소한 부분을 잘 기억하고 변화를 빨리 알아챈다. 내 사람들을 살뜰히 챙기지만, 그들이 나에게 똑같이 살뜰하기를 바라지는 않는다. 나를 다정히 대해주면 정말 고맙고 기쁘지만, 그렇지 않다고 해서 서운해하지 않는다. 나는 머리로 정을 나누는 것이 아니라 본능으로 정을 나누므로 다시 받지 않아도 괜찮다. 노력한 것이 아니기 때문이다. 나는 그렇게 성장했고 그렇게 나이 들어가는 중이다.

하지만 나는 내 엄마에게만은 다정하지 못하다. 자식으로서 내 할 일을 꽤 잘 해내고 바지런한 딸인 것은 맞지만, 인정하는데 다정한 딸은 아니다. 엄마에게만 그렇다. 왜냐하면 나는 나답지 않게 엄마만은 나를 살뜰히 챙겨 주기를 바라는데, 엄마는 그런 사람이 아니어서다. 딸로서 엄마에게만은 당당하게 애정을 담뿍 받고 싶었는데 뜻대로 되지 않았다. 늘 엄마에게는 애정을 담뿍 주는 다른 대상이 따로 있었다. 10대 때도 20대 때도 내내 그렇게 살았고 지금도 그렇게 살고 있다. 이번 생은 엄마와 끝까지 이렇게 살아도 괜찮다고 생각한 적도 있지만 이제는 그렇지 않다. 죽기 전에 한 번은 들춰내야 하지 않을까, 이렇게 끝끝내 묻어 둔 채로 죽을 순 없지 않은가, 그런 생각을 한다.

『이 지랄맞음이 쌓여 축제가 되겠지』를 쓴 조승리 작가는 팟캐스트 채널 〈여둘톡(여자 둘이 토크하고 있습니다)〉에 나와서 "엄마가 너무 미워서 원수 같았는데, 그런데 엄마가 너무 빨리 죽어 버렸고 그래서 더 미워졌다."라고, "글을 쓰면서 엄마에 대한 미움을 많이 버렸는데, 그건 정말 그냥 버린 거."라고 말했다.

조승리 『이 지랄맞음이 쌓여 축제가 되겠지』 달

  조승리 작가의 말을 들으면서, 사노 요코의 책을 읽으면서, 어느 해 질 녘 '인생 정말 짧구나' 느끼면서, 죽기 전에 솔직하게, 엄마와의 이야기들을 들춰내서 함께 갈무리를 하고 싶다고 종종 생각했다. 사람 안 변한다고 말들 하지만 나는 그렇게 생각하지 않는다. 사람은 변한다. 노화라는 것이 이렇게나 사람을 몰아치는 것을 보면 진짜 그렇다.

  나이든 나는 젊은 나와 아주 많이 다르고, 이제 일흔이 넘은 엄마는 10년 전 20년 전의 엄마와 많이 다르다. 나는 철이 들었고 엄마는 유순해졌다. 나는 그게 나이듦의 행(幸)이라고 생각한다.

  창창한 엄마의 시절이 30년째 지속된다면, 찬란했지만 고슴도치 같았던 20대의 내가 10년 20년 그대로라면, 그것은 얼마나 못 견딜 일인가.

  제정신인 엄마를 한 번도 좋아했던 적이 없다고 말하는 작가. 그렇다면 제정신이 아닌 엄마는 종종 좋았다는 얘긴가, 그런 것 같다. 사노 요코 작가는 70대 초반에 세상을 떠났는데 글을 쓰는 중에도 투병 중이었던 걸로 안다. 글의 마지막에 작가는 말한다. 엄마가 그립다고. 그리고 곧 엄마에게 가겠다고.

나는 엄마가 어느 날 갑자기 죽어 버리기 전에 우리의 이야기를 적극적으로 들춰낼 요량이다. 이미 한두 번 시도해 봤는데 반응이 희망적이다. 딸에게 40년 넘는 세월 한 번도 들어보지 못한 말이 나온다면 일단 귀 기울일 수밖에 없다. 이제껏 내 이야기를 감춰뒀던 것도 이제서야 말하는 것도 다 좋은 결말을 맺기 위한 과정이었다고 믿는다. 이제 곧 죽을 거라며 아무것도 시도하지 않는 노년도, 영원히 살 것처럼 언젠가 나중에 하면 된다면서 영영 미루는 노년도, 둘 다 미련이 남기는 마찬가지다. 노년기의 당사자도 노년기 부모를 둔 자식도 그것을 염두에 두어야 한다.

나는 75세에 만난 시어머니가 92세의 나이로 영면하기까지 이제 너무 늦었다면서 어물쩍어물쩍 이도 저도 못 한 것이 가장 어리석었다고 생각한다.

나는 세상의 모든 모녀가 그들만의 이야기 하나쯤은 갖고 있는데, 결말은 주체적으로 결정할 수 있다고 생각한다. 시간이 우리를 바꾼다면 우리는 그것을 최대한 적극적으로 이용해 먹는 거다. 나는 재바르게 그래 볼 생각이다.

배우자 죽음

상상할 수 없는 일,
배우자의 죽음

주디스 커
『누가 상상이나 할까요』
웅진주니어

내 외할머니가 처음 병원에 입원했을 때, 외할머니 나이는 61세였다. 그때 나는 몇 살이었을까. 서울 어디 큰 병원에 입원한 외할머니에게 무언갈 가지고 심부름을 갔는데, 침대 발치에 나이가 쓰여 있었다.

이매실 / 여 / 61세.

나는 외할머니의 이름이 참 예쁘다는 생각만 했지, 나이에 대해서는 별다른 생각이 없었다. 그런데 지금 생각해 보니 할머니는 참 이른 나이에 병원 생활을 시작했고, 그 후 이어진 투병 생활은 정말 지난했다. 외할머니는 장기 입원을 주기적으로 반복했고, 마지막 3~4년은 요양병원에서 지내다가 80대 중반에 세상을 떠났다.

예순이 넘은 후의 생 중 많은 날들 동안, 외할머니는 병상에 있었다. 외할아버지는 지극 정성으로 외할머니를 보살폈다. 외할머니가 요양병원에 입소한 후로는 병원으로 거의 매일 출퇴근했고, 할머니는 끝까지 본인이 돌볼 거라고 말했다. 그리고 실제로 그렇게 했다.

외할머니의 부고를 듣고 장례식장에 갔을 때, 외할아버지는 새빨개진 얼굴로 땀을 뻘뻘 흘리고 있었다. 남쪽 땅끝마을. 서울에서 출발한 자식들이 도착할 때까지 혼돈과 슬픔의 시간을 홀로 버틴 할아버지는 간신히 서 있는 것 같았다. 외할머니가 떠날 때까지 끝까지 옆에 있었던 것이 배우자인 외할아버지였으므로, 병원에서도 친지와 가족들도 모두 외할아버지만 찾았다. 여든이 훌쩍 넘은 외할아버지는, 모든 삶이 멈춘 얼굴을 하고 있었다. 그리고 머리가 너무나 아프다고 반복해서 말했다.

그때 나는 배우자란 무엇일까 생각했다. 70년을 함께 산 부부에게 배우자의 존재란 어떤 것일까. 당시 불과 6세 아이의 엄마였던 나는 짐작조차 하지 못했다.

주디스 커의 그림책 『누가 상상이나 할까요』는 배우자를 먼저 떠나보낸 할머니 이야기다. 할머니는 매일 같은 시간에 홍차를 마시고 잠깐 낮잠을 잔다. 매일 똑같다.

남들이 보기에는 그냥 할머니가 오후 네 시가 되면 홍차를 마신 후 오수를 즐기는 것으로 보이겠지만, 할머니에게는 특별한 시간이다. 그리운 사람, 먼저 떠난 남편을 만나는 시간이다. 할머니는 꿈속에서 남편을 만나서 하고픈 것들을 한다.

어느 날은 함께 공룡을 타고 어느 날은 에베레스트산을 오르고 어느 날은 수중 탐험을 한다. 살아 있을 때도 하지 못했던 신나는 모험을 하늘에 간 남편과 함께한다. 또 어느 날은 살아 있을 때 함께 했던 것들을 추억한다. 눈부시게 좋았던 시간, 잔잔하게 지나간 시간, 아이들과 단란했던 한때, 그런 것들을 돌아본다. 그리고 작별 인사를 한다. 다시 내일을 기약하면서.

그 시간 그림책 속 할머니의 얼굴은 아주 행복하게 그지없다. 무릎 위에 앉은 고양이도 똑같이 행복한 표정이다. 글은 필요 없다. 그 얼굴이면 충분하다. 몽상이면 어떻고 착각이면 어떤가. 그저 하루에 한 번 할아버지를 만나고, 그 기대로 또 내일을 기다릴 수 있다면 얼마나 좋은 일인가. 누가 상상이나 할까? 할머니가 매일 그렇게 꿈속에서 할아버지를 만나서 즐거운 시간을 보낸다는 것을. 그리고 어떤 노인이 이런 걸 상상할까? 늙은 몸으로 하는 이런 신나는 모험을.

　나는 책 제목을 보고 다른 해석도 했다. 누가 상상이나 할까? 배우자가 없는 삶이 있을 수 있다는 것을. 배우자가 나보다 먼저 죽는 또는 내가 배우자보다 먼저 죽는 그런 날이 올지도 모른다는 것을, 누가 생각이나 할까.

　1부에서 소개한 책 중 정신과 의사 장기중 작가가 쓴 책 『사라지고 있지만 사랑하고 있습니다』(웅진지식하우스)에는 동반 치매에 대한 이야기가 나온다. 동반 치매란 부부 중 한쪽이 치매에 걸린 후 배우자도 치매 증상이 나타나고, 결국 부부가 함께 치매 진단을 받는 경우를 말한다.

　어떤 인과관계가 있는지 밝혀지지 않았고 치매가 감염력이 있는 병도 아닌데 부부가 동시에 치매를 겪는다니, 매우 이상하고 슬픈 병이다. 용어도 마음에 들지 않는다. 동반 치매라니. 동반이라는 단어를 생각할 때 제일 먼저 떠오르는 것은 부부 동반이다. 그리고 그다음은 인생의 동반자. 동반이라는 단어는 그럴 때 쓰는 단어인데, 마음에 안 든다. 일단 부부가 함께 아프면 남은 가족들은 두 배로 힘이 들 것이고, 사면초가의 기분을 느낄 것이다. 하지만 부부여서 그렇게 되어 버린 것일 수도 있지 않을까.

　『사라지고 있지만 사랑하고 있습니다』에는 실제 사례들이 나온다. 동반 치매로 부부가 함께 요양원에 들어가게 된 날, 의사에게 그저 아내와 함께 있게 해 줘서 고맙다고 말하는 어느 할아버지. 동반 치매로 할머니를 반복적으로 다치게 하면서도, 정신이 들 때면 근심 어린 표정으로 아내는 괜찮으냐고 묻는 또 다른 할아버지. 그들은 기억은 잃어가지만, 서로를 사랑했던 감정은 남아 있는 것이다.

그들에게 과연 부부란 무엇일까, 배우자란 어떤 존재인가. 말로 설명할 수 없지만 느껴지는 무언가가 분명하게 있다.

내 외할아버지는 평생 반주(飯酒)를 즐겼다. 외할아버지가 취할 정도로 술을 마셨다거나, 고주망태가 되어 주사를 부렸다거나 그런 기억은 전혀 없다. 하지만 늘상 아침 먹으면서 소주 한 잔, 점심 먹으면서 소주 한 잔, 그랬던 할아버지의 습관은 기억이 난다. 딱 한 잔. 외할아버지의 밥상에는 늘 한쪽에 마시다 만 소주병이 있었다. 그 습관은 마지막에 말기 치매에 들어서 결국 요양병원에 들어가기 직전까지도 계속되었다.

언제부터 즐기게 되었는지는 잘 모르지만, 외할아버지의 반주 인생은 매우 길다. 하지만 배우자가 사라진 인생에 술이 위로가 되었으리라고 생각한다. 만약 외할머니가 더 오래 살았더라면, 이렇게 잔소리를 반복했을 것이니까.

"에말이요. 술 잔(술 좀) 그만 드씨오."

  많은 남성 노인이 노인성 치매가 발병하는 과정에서 불안함과 우울함을 감당하느라고 술을 찾는다고 들었다. 내 외할아버지도 어느 날 과하게 술을 마시고 치매가 급격히 진행되는 시기가 오고야 말았고, 그것은 꼭 술 때문은 아니었지만 그 영향이 컸다.

  최근 외할아버지의 부고(訃告)를 들었다. 부고에 실린 외할아버지의 연세는 97세였다. 1928년생. 남들은 호상(好喪)이라고 말하지만, 남은 가족에게 있어 호상이란 없다. 나는 외할아버지가 정말 그립다. 빈소에 갔을 때 외삼촌이 나에게 말했다.

  "민선아. 니 책 속 등장인물이 한 명 없어져 버렸구나. 어쩌냐."

  이상하게도 내가 속한 가족은 모두 할아버지들이 먼저 세상을 떠났다. 할머니들은 배우자의 죽음 후 적게는 십 년 많게는 수십 년을 더 살았다. 배우자와 늦게까지 해로(偕老)한 것은 외할아버지 외할머니 부부가 유일했다.

  이 부부는 근 70년을 함께 살았다. 그래서 노부부에 대해 말할 때 떠오르는 부부는 항상 외할아버지와 외할머니였다. 물론 한 분이 너무 일찍 아프기 시작해서 말년에 안온하지 못했다. 하지만 그림책 『누가 상상이나 할까요?』의 책 표지에 있는, 훨훨 하늘을 나는 듯한 노부부의 그림을 봤을 때 나는 그분들이 생각이

났다.

책 속 할머니처럼 외할아버지도, 할머니를 잃고 난 이후의 삶 동안 수만 번 할머니를 그리워하고 추억했을 것이다. 70년이란 시간은, 그럴 수밖에 없는 세월이 아닌가.

여성노인

지혜와 지식과 개성을 가진 연장자들

벨마 월리스 글, 짐 그랜트 그림
『두 늙은 여자』
이봄

나의 지하철 인생은 30년에 가깝다. 경기도 남부 소도시에 사는 나는 대학에 들어가던 해부터 매일 전철을 탔다. 아마 나는 1호선 국철의 모든 역사의 순간을 함께 했을 것이다. 승강장에 안전문이 없던 시절, 전철 내부에 항상 물건 파는 사람들이 있었던 시절, 칸과 칸을 이동하려면 수동으로 힘껏 문을 밀어야 했던 시절. 지금의 전철은 그때에 비해 매우 진화했다.

전철을 타면 항상 노인들이 있다. 그리고 그들의 자리, 노약자석이 있다. 나는 대중교통 속 노인들을 오랫동안 봤다. 그리고 사회에서 노인들의 위치와 자리에 대해서도 오랫동안 생각했다. 물리적 자리를 보면서 관계 속 자리를 생각한 셈이다.

내가 본 대부분의 노인들은 민첩하게 본인의 자리를 탐색하고 확보했다. 빈자리 앞에서 노인은 강자였고 아직 늙지 않은 사람들은 약자였다. 청년기의 나는, 노인들이 얼마나 신체적으로 약한지는 생각해 본 적이 없다. 그저 직장 생활하면서 하루에 두세 시간씩 전철을 타는 삶이 매우 힘들다는 생각만 했다. 그리고 자리에 좀 앉고 싶다는 생각. 하지만 앉아 있는 노인들이 부럽다는 생각이나 이른 아침부터 전철을 타는 노인들은 어디에 가는 걸까 그런 것은 생각해 본 적이 없다. 거기는 원래부터 노인들의 자리였기에 내가 넘볼 대상이 아니었다.

하지만 민첩하게 본인의 자리를 확보하는 노인들이 불편했던 적이 많다. 어떤 노인들에게는 노약자석뿐 아니라 일반석도 그들의 자리였다. 그들은 멀리서부터 자리가 나면 큰 소리로 자신의 자리임을 알렸고, 앉으러 가면서 사람들을 자주 밀쳤다. 승강장에 있는 의자 또한 그들의 것이었다. 앉을 공간이 없어도 그들은 끼어 앉았고 그러면 나는 부대끼기 싫어서 일어나는 쪽을 택했다. 그런 과정을 오랫동안 거치면서, 나는 노인에 대한 불신과 부정적 이미지를 키워 갔다.

남편과 나는 요즘 자주 노년에 대해 말한다. 나중에 우리는,

나중에 우리도. 우리는 그러지 말자, 우리도 그렇게 하자. 그런 이야기들을 나눈다. 그리고 잘 나이 드는 것이 힘든 일이라는 결론에 닿는다.

『두 늙은 여자』의 작가 벨마 월리스는 어느 날 겨울 준비를 하다가, 엄마에게 말한다. 자신도 엄마처럼 강인하게 늙고 싶다고.
 여기서 말하는 강인함은 육체적인 면이 크다. 이를테면 땔감용 나무를 모으는 것. 겨울을 날 실질적인 준비를 몸으로 하는 것.
 겨울용 오두막에서 모녀는 아주 옛날이야기를 나눈다. 강인한 엄마는, 어느 날 강인했던 두 여인에 대한 이야기를 전한다. 극한의 상황에서 극강의 강인함을 보여 주었던 두 여인 이야기다.
 그것은 아주 오래전 이야기다. 야영을 하면서 사냥과 낚시로 한 부족이 먹고 살았던 이야기. 사는 것이 곧 생존이었던 이야기.
 어느 날 족장은 말한다. 상황이 안 좋으므로 즉 먹을 것이 없으므로 다른 야영지로 떠나면서 두 늙은 여인을 버리고 가겠다고. 여인 중 한 명은 여든 다른 한 명은 일흔다섯인데, 이제껏 두 여인은 젊은이들의 수발을 받아 왔다. 그런데 식량은 없고 야영지는 옮겨야 한다. 두 노인은 장차 짐이 될 테고, 그래서 버리기로 한다. 구성원들은 마음이 괴롭지만 반기를 들지 못한다. 굶주림은 무섭고 공동체는 살아야 하기 때문이다.

버려진 노인 둘은 참담하고 분노하고 두렵다. 하지만 그래도 해 보기로 결심한다. 한 번 나아가 보기로. 두 노인에게 북극의 추위는 매섭고 엄혹했다. 굶주리고 지치고 좌절하면서, 그들은 조금씩 과거의 경험과 기술을 기억해 낸다. 지난날의 경험을 떠올려 최적의 야영지를 찾아내고, 손끝의 감각을 되살려 장갑과 모자와 신발을 만들고, 과거에 그랬던 것처럼 몸을 써서 사냥과 낚시를 한다. 그리고 그들은 결국 살아남는다.

숲에서 풍요로운 겨울을 보내던 어느 날, 두 여인에게 부족원들이 찾아온다. 그들은 그간 늙은 두 여인을 버렸다는 죄책감에 괴로웠고 그 와중에 식량은 바닥이 나 굶주리고 지쳐 있었다. 하지만 살아남은 두 여인, 살아남았을 뿐만 아니라 되려 부족원 모두를 살려낼 만큼의 저장 식량을 건네주는 그들을 보면서 젊은 이들은 감탄하고 경이한다.

혹한의 추위 속에서 살아남은 두 여인은 자신들이 생각보다 건강하고 생각보다 실력이 건재함을 깨닫는다. 그리고 늙음을 과시했던 지난날을 부끄러워한다. 살아남은 두 여인을 본 부족원들은, 두 여인이 생각보다 강인하고 생각보다 지혜로움을 깨닫는다. 두 여인은 자신감과 자존감을, 부족원들은 존경심을 회복한다.

관록과 지혜는 그저 나이가 들면 생기는 것이 아니다. 일부러 만들 수 있는 것도 아니다. 자연스럽게 생성되되, 갈고 닦아야 잊지 않는다. 두 여인이 자연과 야생 속에서 살아 낸 80년, 75년은 차곡차곡 쌓여서 그들 자신이 되었다. 그동안 젊은이들의 보살핌을 받으면서 잊고 있었을 뿐, 그들에게는 관록과 지혜가 있었다. 그것을 잠재울지 발현시킬지는 각자의 몫이다. 아이는 아이라는 이유만으로 사랑받지만 노인은 노인이라는 이유만으로는 존경받지 못한다. 억울할 수 있지만 부당한 일은 아니다.

나는 두 여인이 강인한 연장자로 거듭나게 하는 것에, 극한의 생존 경험 외에 둘이 가진 대화의 시간도 크게 영향을 미쳤다고 생각한다. 시간이 많아지고 둘밖에 없고 게다가 두려웠다. 긴긴 밤을 그들은 서로의 이야기로 채웠다. 서로를 알게 되고 깊은 이야기를 하게 되었을 것이다.

바쁜 세상이지만, 대화는 더욱 필요하다. 대화는 매우 쓸모 있다. 시간과 정성을 들여서 상대방과 대화해야 한다. 그럼 나는 상대방을 알게 되고 상대방에게는 나를 알릴 수 있다. 이해의 차원이라기보다 긍정의 차원이다. 나는 노년이 되어서는 대화가 더욱 필요하다고 생각한다. 살아온 세월이 긴 만큼 자신의 이야기가 많이 쌓였으므로, 그 과거를 누군가와 함께 나눠야 한다. 그래야 대화의 결핍을 막을 수 있다.

"그거 모단대(못 한대)?"

1947년생 아빠는 내가 아는 78세 노인 중 가장 지혜롭다. 전라도 사투리를 쓰는 아빠는 이 말을 아주 자주 한다. "그걸 왜 못해? 할 수 있지."라는 말이다. 그 말을 너무 자주 들어서 그런지 나는 아빠에게 이 말을 자주 한다.

"할 수 있지? 한번 해 봐."

그럼 아빠는 썩 훌륭하게, 그리고 근접하게 미션을 수행한다.

아빠는 자동차 보험을 드는 중이었다. 요즘은 계약 진행도 모두 비대면으로 진행하기 때문에, 상품 확인과 조건 선택 등은 내가 모두 다 하고, 마지막 본인 확인과 계약 동의 프로세스만 남은 상황이었다. 아빠는 모바일로 전송된 링크를 따라 모든 프로세스를 진행했는데, 마지막에 뭐가 막히고 에러가 난다면서 머쓱한 목소리로 나에게 전화를 했다. 보험설계사에게 전화해서 상황을 설명하니, 그걸 스스로 해 보겠다고 시도한 어르신은 아빠가 처음이라는 답이 돌아왔다. 그리고 해결 방법을 알려 주었다.

부작용이 있다면 내가 팔십이 다 된 아빠를 과신한다는 것인데, 이를테면 이런 것이다.

아빠가 앉은 자리에서 나는 이런저런 이야기를 한다. 아빠는 대개 듣기만 하고 의견은 잘 안 낸다. 가족 단톡에서도 90%의 이야기는 듣기만 하다가, 결정적인 순간에만 한 마디 남긴다.

"추진해라." "그날은 약속이 있다."

이렇게 꼭 해야 하는 말만 짧고 강렬하게 남긴다. 그래서 아빠의 침묵을 나는 진짜 침묵이라고만 생각했다. 듣고 있지만 의견을 내지 않는 것이라고. 그런데 그게 아니었다. 아빠는 점점 청력이 떨어지고 있었다. 그건 엄마의 제보로 알게 되었다.

"못 들은 거야."

내가 지난번에 뭔가 말했을 때 아빠는 아무 말 안 했으니 동의한 거 아니었어? 라고 물었는데, 엄마가 이렇게 실토했다. 그냥 못 들은 거라고. 나는 세게 뒤통수를 맞은 기분이었지만 그래도 어쩔 수 없었다. 왜냐하면 아빠의 세월이 아빠의 이미지를 이렇게 만들었기 때문이다. 아빠가 긴 세월 관록 있고 지혜롭게 살아준 덕분에. 그래서 대답을 하지 않는 아빠는 과묵하다고 여기고, 실행이 느린 아빠는 고심 중이라고 생각하기에 이른 것이다. 긴 세월 아빠의 과거가 그렇지 않았다면, 그 반대였다면, 나는 '또 그런다.' 내지는 '아빠가 그렇지 뭐.'라고 생각했을 것이다.

아빠의 과거는 아빠가 만들었다. 아빠는 청년기에도 중년기에도 늘 지혜롭고 용기 있었다. 그랬기 때문에 그런 노년으로 나이 들었고 사는 내내 우리 머릿속 아빠는 그러할 것이다.

한 번 독립의 즐거움을 맛본 두 늙은 여인은 부족과 다시 만난 이후에도 독립을 유지한다. 그들은 예전과는 다른 삶을 산다. 독립의 맛을 알았기 때문이다. 독립 성공 경험이라고 해야 할까. 독립과 강인함은 속성상 함께 존재한다.

나는 강인한 노인이 되고 싶다. 나는 내 아이에게 재산을 주지 못할까 봐가 아니라 지혜를 주지 못할까 봐 두렵다.

내 부모가 어떤 청춘과 어떤 중년을 보냈는지, 어떤 철학을 갖고 어떻게 밥벌이를 했는지는 중요하다. 부모의 성공 경험은 그대로 자녀에게 대물림 된다. 정확히 말하면 성공, 실패, 회복 경험이 될 것이다. 그러려면 나에게 백만 번의 행운이 따라야 하고 나는 많은 노력을 해야 할 것이다.

어쨌든 나는 그냥 늙은 여자가 아니라 늙고 강인한 여자가 되려 한다. 나의 미래는 그럴 예정이다.

가족

지금 아니면
안 돼

다비드 칼리 글, 세실리아 페리 그림
『인생은 지금』
오후의소묘

"아빠가 3년 뒤 팔순이세요. 팔십에 하는 유럽 여행, 괜찮을까요?"

아빠 팔순 기념으로 유럽 여행을 계획하고 있었다. 아빠는 팔순 내 아이는 열아홉. 우리는 아주 오래전부터 독일 맥주 축제를 꿈꿔 왔다. 할아버지와 손주가 함께 맥주를 마시는 꿈을. 그런데 팔순이라는 나이가 긴 비행에 적합할지 아닐지 60대 지인에게 물었다. 팔순의 나이에 긴 비행과 걸어서 하는 관광이 괜찮겠느냐고. 내 질문에 지인은 이렇게 대답했다.

"3년 뒤에 할 마음이 있다면, 지금 하세요."

우리는 그게 무슨 말인지 바로 알아들었다. 맞다. 그때 했어야 했다. 여러모로 그랬다.

시어머니를 처음 만났을 때 어머니는 75세였다. 그리고 어머니는 92세에 돌아가셨다. 나의 큰 아쉬움은 어머니가 이렇게 오래 살 줄 아무도, 꿈에도, 생각 못 했던 것이다. 이렇게 길게 오래 살 줄 알았다면 미래를 낙관하며 더 많은 것을 도모했을 텐데. 아쉬움이 크다. 어디 크게 병이 있거나 아프지도 않은데 나이가 많으니 살 날이 길지 않다고 왜 생각했을까. 나는 그저 나이가, 숫자가 많다는 것만으로 미리 기대를 접었던 것 같다. 우리는 영원히 살 것처럼 굴면서 동시에 내일모레 죽을 것처럼 군다.

다비드 칼리가 쓰고 세실리아 페리가 그린 그림책 『인생은 지금』의 원제는 『Now or Never』다. 지금 아니면 절대, 결코. 인생은 바로 지금이다.

책 표지에 노년의 부부가 있다. 서로 안고 있는 모습인데 서로 반대 방향을 바라보고 있다. 둘은 허공을 향해 손을 뻗어 허공을 안고 있다. 둘이 서로 끌어안아 완전체가 되려면, 서로 뒤돌아서야 한다. 마주 봐야 한다. 지금은 서로 다른 방향을 보고 있다. 뭔가 메시지가 있는 그림인 것 같다.

"드디어 은퇴야!"라고 말하는 남편은 신이 난다. 아내에게 많은 것을 하자고 한다. 여행도 가고 외국어도 배우고 밤낚시도 가자고 한다. 하지만 아내는 나중에 하자고 한다. 지금 당장 해야 할 일을 핑계로 미루기도 하고 더 좋은 계절에 하자고 미루기도 한다. 이런저런 이유로 제안을 미루는 아내는, 화가 난 모습은 아니지만 약간 지쳐 보이기는 한다. 이해한다. 그들은 노년이니까. 체력도 의욕도 예전 같지 않을 테니까. 남편은 그런 아내를 설득한다. 인생은 지금이니까, 지금 가자고. 지금 이 순간을 살자고.

아마 아내는 결국 남편에게 설득되었나 보다. 마지막 페이지에서 부부는 해 질 녘 노을을 바라보면서 자전거를 타고 달린다. 반전은 이것이다.

운전은 아내가 한다. 그리고 두 부부는 아주 신이 나 있다.

서로 의견이 달랐던 것은 의미가 있다. 만약 끝끝내 남편은 '하자고 하자고 하자고'만 하고 아내는 '나중에 나중에 나중에'라고 말했더라면, 그것을 새드 엔딩이라고 말할 수 있을까.

함께 하고 싶은 무언가가 있다는 것은 매우 기쁜 일이다. 그리고 그것만으로도 외롭지 않다. 이제 그것을 안다. 내가 가난한 남편과 결혼한 이유는, 가난을 떠나서 그와 미래를 함께 하고 싶었기 때문이다. 그리고 외로움과 충족감은 가난 또는 부와 별개로 일어나는 일이라고 생각했다. 나는 나이가 들면서 그것을 더 절실하게 깨닫는 중이다.

돌아가신 외할아버지를 납골당에 모시던 날, 사위인 아빠는 주변의 납골함과 이름표를 찬찬히 살피고 있었다. 자손이 많은 외할아버지는, 납골함 이름표에 공간이 모자라 손주들 이름을 모두 적지 못하고 적당히 선별해 올려야 했다. 나는 아빠가 남들은 그러한 경우 어떻게 하는지, 그런 것을 보는 중이라고 생각했다. 그래서 뭘 그렇게 열심히 보고 있냐고 묻는 내게 아빠는 말했다.

"죽은 사람들 나이가 다 내 또래다."

큰 사위인 아빠는 장인과의 나이 차이가 19세밖에 나지 않는다. 이제 집안에서 확실하게 제일 나이 많은 어른이 되어 버린 아빠는, 본인도 멀지 않았다고 생각했을까. 그래서 쓸쓸해하는 중이었을까. 나는 어떠한 말도 어떠한 반응도 하지 못했다. 아빠의 그런 모습을 볼 때, 나는 내가 더 서둘렀어야 함을 깨닫는다.

내가 시기를 놓쳤을 수도 있겠구나. 유럽 여행은 지금 가야 하는 거였어.

하지만 너무나도 지금 아니면 안 될 것처럼 종종거리는 아이에게, 재미있는 어떤 것을 지금 당장 하고 싶어서 억울해하는 아이에게는, 나는 항상 이렇게 말한다. 그리고 아이를 다독인다.

"다음 주에 하면 되지. 더 커서 하면 되지. 대학 가서 하면 되지."

그건 아이가 너무 지금만 살까 봐, 계획하고 멀리 보는 삶을 살라고 하는 말이면서 저의가 있는 말이기도 하다. 나는 아이에게, 너의 미래를 믿으라고도 말해 주고 싶다.

점점 더 세상은 사건사고가 많아지고 있고, 그 사건사고들은 많은 청년들을 죽음으로 몰고 갔다. 이렇게 불안한 세상에 아이가 발을 붙이지 못하고 살까 봐, 너무 불안해서 지금을 즐기지 못하고 살까 봐, 너는 살날이 길다는 것을 믿어 의심치 말라는 뜻이기도 하다. 불안이 심해도 불안이 없어도 지금의 삶을 즐길 수 없으니까.

이번 겨울에 둘을 잃었다. 내 시어머니와 내 외할아버지. 두 분 모두 다시는 보지 못할 것이라는 생각을 하면 함께 하지 못한 것들이 우후죽순 떠오른다.

항상 춥게 살았던 시어머니. 추운 겨울 따뜻한 방 안에서 이불을 덮고 있자면 어머니가 생각나곤 했다. 어머니를 모시고 와서 다만 며칠이라도 내 방에서 지내면 어떨까. 그런 생각이 한동안 머릿속에 떠나지 않으면서도, 실제로 거동이 어렵고 화장실을 자주 가는 분을 차에 태워 어떻게 서울 우리 집까지 데려올 것인가, 막상 실행하려고 하면 난관이 한두 가지가 아니었다. 그래서 항상 생각만 하다가 끝났던 일들. 그런데 이제는 생각조차 할 수 없다. 그건 공상이다. 이제 어머니가 없는데, 어떻게.

어린 시절, 시골집에 내려가면 뒤뜰의 사용하지 않는 우물에서 수영을 하곤 했다. 위험하지 않게 주변을 치우고 각종 준비물을 챙겨 주는 것은 외할아버지였다. 무려 35년 전 이야기다. 아니 40년 전인가. 지금 생각해 보니, 그때 내 외할아버지 나이는 50대였다. 50대 할아버지라니. 그러니 내가 원하는 모든 것을 번쩍번쩍 자르고 베고 들어서 가져다줄 수 있었던 것이다. 올망졸망한 손주들이 얼마나 귀여웠을까. 눈웃음이 너무나 매력적이었던 외할아버지를 나는 이제 다시는 볼 수 없다. 말년에 치매에 걸려서도 그 눈웃음만은 젊은 시절과 똑같았는데, 이젠 볼 수 없다.

『인생은 지금』을 읽을 때, 나는 죽음의 실제를 보는 중이었다. 죽음의 끝은 소멸이다. 남아 있는 사람에게 정말 그렇다. 그래서 아름다운 글과 그림이 나에게는 슬프고 절실했다.

오늘도 용기를 내어, 지금 할 일들을 해야겠다.

받는 효도

효도 받고 싶어, 그것이 돈봉투라도

박희순 글, 배민경 그림
『하얀 봉투』
백화만발

    경로당이 나온다. 작은 시골 마을에 사는 주인공 옥자 씨. 옥자 씨와 동네 사람들은 경로당에 모여 매일의 일상을 주고받는다. 그러던 어느 날 마을에 멋들어진 한옥이 들어선다. 세련된 서울 할머니와 말쑥한 자식들이 마을에 드나들기 시작하고, 옥자 씨의 질투와 부러움이 시작된다. 경로당이라는 공간은 어쩔 수 없이 너와 나의 처지, 너와 나의 자식들을 비교하게 되는 공간이다.

언젠가 돌아가신 할머니의 생신 파티에 따라갔던 기억이 난다. 할머니 칠순 때였던 것 같다. 엄마와 아빠가 떡과 고기와 과일 등을 준비했고 손주들이 실어 날랐다. 할머니는 장성한 손주들을 대동하여 음식이 가득 담긴 소쿠리들을 들고 노인회관 문을 기세등등하게 열어젖혔다. 나는 그때 한 공간에 그렇게나 많은 노인들이 함께 있는 것을 처음 봤다. 동네에 모든 노인들은 거기 모여 있는 것 같았다. 음식을 그릇에 담아 나르고 숟가락과 젓가락을 놓고 심부름을 하고 있자니 할머니가 우리 이야기를 하는 게 들렸다.

"저 가시내가 근홍이 작은 딸인데, 서울대 다닌당게."

서울에서 대학에 다니는 나는 어느샌가 서울대에 다니는 손녀가 되어 있었고 말썽꾸러기 사촌 동생은 듬직한 장손이 되어 있었다. 할머니는 우리에게 다 들리는 것을 아는지 모르는지, 신나게 하고 싶은 말을 했다. 아니, 들려도 아무 상관 없는 것도 같았다. 나는 그때 처음 알았다. 이런 곳이 있구나. 노인들이 모여서 노는 공간. 그리고 난생처음 알았다. 나는 할머니의 자랑이구나. 할머니는 이런 것들을 자랑하는 맛에 사는구나.

할머니는 한 번도 나에게 서울대에 들어가다니 아니 서울에 있는 대학에 들어가다니 장하다고 말해준 적이 없다. 그래서 나는 내가 할머니의 자랑인 줄 몰랐다. 나는 그때 얼굴색 하나 안

변하고 거짓말을 보태는 할머니가 귀엽기도 하고 웃기기도 하고 그렇게라도 할머니의 자랑이 된 내가 조금 뿌듯하기도 하고 그랬다. 그리고 가족의 자랑이 된다는 것이 꽤 뿌듯하지만 매우 무거운 짐이라는 것은 한참 후 나이가 더 들어 알게 되었다.

거기는 그런 공간이었다. 없는 자랑도 끌어올려야 하는 공간. 자랑의 진실보다는 자랑의 횟수가 더 중요한 공간. 효도 받고 싶은 마음이 날것으로 표출되는 공간. 그림책 『하얀 봉투』속 경로당은 딱 그런 곳이었다.

어버이날이면 어느 집이고 돈봉투와 선물과 카네이션이 등장한다. 멋들어지게 챙김을 받는 서울 할머니 순애 씨 때문에 옥자 씨는 속이 상한다. 어버이날 경로당에 가면 누구는 무엇을 받고 누구는 해외여행을 가고, 보고 듣고 있자니 화가 난다. 그래서 기어이 자식들에게 화를 내고야 만다. 다른 집 자식들은 어버이날이라고 다들 선물 사다 나르고 난린데 내 자식들은 왜 그러지 않느냐고. 용돈 많이 줄 것 아니라면 오지 말라고.

이 책은 시니어 그림책이다. 어린이를 위한 그림책을 어린이와 부모가 함께 보는 것처럼, 시니어를 위한 그림책도 시니어와 시니어가 아닌 다른 모두가 보면 좋겠다. 그림책에서 아이의 마음을 읽어 주는 것처럼 시니어의 마음도 읽어 주는데, 그것을 시니어인 당사자가 보아도 좋겠고 시니어를 가족으로 둔 사람들이 봐도 좋겠다. 이렇게 순수한 시선으로 시니어의 마음을 읽는 것은 그림책이어서 가능하다.

어버이날이 뭐라고, 부모는 선물과 봉투와 카네이션을 기다린다. 그것들은 자식들과 함께 오기도 하고 그것들만 오기도 한다. 모든 선물은 자식들과 함께 와야 제맛이지만 자식들이 오지 못하고 선물만 온다면 이왕 오는 거 크고 좋은 것이었으면 싶다. 그래야 다른 노인들에게 자랑할 수 있으니까.

결혼해서 챙겨야 하는 부모가 두 배가 되었을 때, 각종 기념일과 명절이 되면 마음은 무겁고 몸은 바빴다. 처음에는 옷에 신발에 화장품에 각종 선물을 직접 알아보고 고르고 사러 다녔지만 점점 게을러졌고, 나중엔 예쁜 봉투에 돈만 넣어 드리는 것에 익숙해졌다.

얼마의 돈을 넣어야 하나 항상 고민하지만 항상 돈으로 하는 효도가 제일 쉽다는 결론을 내리고 조금 더 넣는 것으로 마무리되었다. 화장대 서랍에 각양각색 봉투들을 상비하면서, 부모에게 주는 돈이 세금 같다는 생각을 한 적도 있다. 이렇게 꼭 돈을 드려야 하나. 때에 따라서는 돈을 만들기가 힘들 때가 있는데, 한 번쯤 건너뛰면 진짜 안 될까. 이렇게 힘들게 만들어 드리는 돈이라는 것을 그분들은 정녕 알까. 돈과 마음이 대체 무슨 관계가 있나.

결국 돈밖에 없다는 것은 코로나 때 알았다. 친구의 부모가 돌아가셔도 조문하지 못했고 부모의 생일에도 모이지 못했다. 할 수 있는 건 돈뿐이었다. 돈 말고 무엇으로 마음을 표현할 수 있는지, 기쁜 마음과 슬픈 마음을 어떻게 전달할 수 있는지 끝내 찾아내지 못했다. 한 통화의 전화, 애정이 담긴 메시지, 그런 걸로는 절대 충분치 않았다.

돈이란 생각보다 매우 진심이 담긴 선물일 수 있다는 것을 그때 알았다. 돈이 가장 쉽고 가장 편리한 선물이라 생각했던 것은 내가 생각이 짧아서였다. 돈이라는 것은 어느 때고 통하고 누구에게도 통용되는 마음이 담긴 귀한 것이었다. 게다가 내 부모 세대는 돈도 물자도 매우 부족한 세월을 살았으니 당연히 돈 말고 다른 귀한 어떤 것을 상상하기란 어려울 것이다. 우리는 그런 세대가 아니므로 돈 말고 다른 것들로 사랑을 표현할 수 있다고 오랫동안 믿어왔는데, 돌고 돌아 다시 돈이었다. 그렇게 돈을 보는 관점이 바뀌니 경조사와 명절에 흔하게 돌아다니는 하얀 봉투가 달리 보인다. 경사에도 돈, 조사에도 돈, 기쁘고 슬플 때 주고받는 것이 모두 돈인 것을 세속적인 관습이라고만 말하기에는 많이 억울한 부분이 있다.

어느 날 옥자 씨는 순애 씨네 집의 참모습을 알게 된다. 하하 호호 즐거워만 보이던 순애 씨네 가족이지만, 사실 잘난 자식들은 재산을 달라고 아우성이었다. 서로 더 달라고, 이미 준 것도 모자라 집을 담보 잡아서 돈을 더해 달라고 생떼를 부리는 중이었다. 한편 마을에서 가장 쓸쓸하고 외로워 보였던 두순 씨. 두순 씨를 찾는 것은 이제 막 사회인이 된 손자 한 명뿐이다. 두순 씨는 가슴팍에 빈약하게 달린 카네이션 한 송이로도 충분하다면서 가장 행복한 미소를 짓는다.

그 속에서 옥자 씨는 자신의 마음을 알게 된다. 많이 주지 못해 놓고 많이 받고 싶어 하는 본인의 욕심이 후회되고 아이들이 너무 보고 싶다.

어린이날이면 옆집 어린이는 무슨 선물을 받았나 내 선물과 비교하던 마음은, 어버이날 옆집 노인은 무엇을 받았나 내가 받은 것과 비교하는 마음으로 이어진다.

어린이날이면 무슨 선물을 해 줄까 설레던 마음은, 어버이날이면 돈을 얼마나 드려야 하고 식사는 어디로 예약해야 하나 번거롭고 부담되는 마음으로 이어진다. 받다가 주다가, 주다가 받는다. 가족을 중심으로 본 이 시대 인간의 일생이다.

내가 어머니에게 마지막으로 드린 생신 선물도 돈이었다. 어머니는 그때도 본인은 필요 없으니 너 가져다 쓰라고 몇 번 사양을 한 후, 온몸으로 고마움을 표시하면서 봉투를 받았다. 요양병원에서 먹고 자고 치료 받고, 바깥출입을 못 한 지 1년이 훌쩍 넘어가는 시점이었다. 그 안에서 돈을 어디에 쓸까. 쓸 곳 없는 용돈이지만 어머니도 나도 알았다. 하얀 봉투에 담긴 그것은 돈이 아니라 마음이었다. 나는 이제 더 이상 어머니에게 봉투를 드릴 수 없다. 봉투를 마음껏 드릴 수 있었던 그때가 참 호시절이었음을 이제야 느낀다.

친구

노년의 고독,
노년의 친구

신시아 라일런트 글, 캐드린 브라운 그림
『이름 짓기 좋아하는 할머니』
보물창고

    이름 짓기 좋아하는 할머니는 주변의 모든 것들에 이름을 붙인다. 할머니의 집, 침대, 헌의자, 낡은 자동차, 모두 이름이 있다. 이름을 지을 때에는 규칙이 있다. 할머니는 자기보다 오래 살 것들에게만 이름을 지어 준다. 할머니의 친구들은 모두 할머니보다 먼저 죽어 버려서 할머니는 편지를 쓸 대상도 편지를 받을 대상도 없고, 그래서 너무나 외롭기 때문이다.

    할머니에게 어느 날 배고프고 외로운 강아지 한 마리가 나타난다. 할머니는 그날 이후 착하고 예쁜 강아지가 눈에 아른거린다. 하지만 집에 데려올 수는 없다. 강아지는 할머니보다 오래 살지 못할 게 분명하므로, 할머니는 계속 강아지를 멀리하려고 노력한다. 강아지가 개가 되는 시간이 흐르지만 이름을 지어 주지 않고 오지 말라고 말한다. 슬픈 결말을 맞을 것이 뻔하므로 시작하지 않겠다 마음을 다잡고 또 다잡는다. 그동안 죽음으로 작별한 모든 친구들, 그들이 너무도 보고 싶으니까.

아흔이 넘은 시어머니와 친척이나 지인들에 대해 이야기 나눌 때가 있었다. 나는 얼굴도 모르고 이름도 모르는 수많은 사람들. 누구 엄마, 누구 조카, 그런 이름으로 시댁 식구들 사이에서 회자되는 사람들. 명절이나 대소사 때 모이면 꼭 마지막에는 그들의 안부를 주고받았다.
"누구? 죽었지. 작년엔가 재작년에 죽었어."
나는 어차피 모르는 사람들이기에 대개 무심히 들었는데 언제부턴가 그 끝이 '죽었지'로 끝났다. 누구는 병에 걸려 죽고 누구는 어떤 사고로 죽고 작년에 죽고 올해 죽고. 어머니의 사람들이 하나둘 사라져갔다. 그런 소식을 전할 때 어머니의 얼굴은 쓸쓸함 그 자체였다. 어머니는 살아남은 사람이 아니라 속수무책으로 남겨진 사람이었다. 장수(長壽)는 질병과 사고와 불운으로부터 다행히 살아남은 것인데, 살아남은 대가가 고독이라니.

윤이재 작가의 책 『아흔 살 슈퍼우먼을 지키는 중입니다』에는 아흔 살 할머니와 이웃집 친구 이야기가 나오는데, 할머니 둘은 주로 누워서 이야기한다. 앉아 있는 것도 힘들어서 누워서 이야기하는 둘의 대화는 소통과는 조금 거리가 있다. 그냥 함께 누워서 각자 하고 싶은 말을 하고 싶은 사람 옆에서 하는 것에 의의가 있다. 그래서 그들에게는 갈등도 없고 말싸움할 일도 일어나지 않는다. 동상이몽 같지만 썩 괜찮다. 아주 좋고 충분하다.

　사람의 인생에 있어 친구의 존재감은 매우 크다. 친구는 가족과도 다르고 연인과도 달라서 삶에서 친구가 담당하는 영역이 분명히 있다. 친구만이 채워줄 수 있는 그 어떤 영역.

　어릴 때에는 친구와 의견이 다르다거나, 친구와 나의 애정이 동등하지 않다거나, 삶의 방식이 어긋난다거나 하는 다양한 이유로 불화하기도 하고 멀어지기도 한다. 하지만 나이가 들면서 느끼는 것은, 시간이 갈수록 모든 불화는 사소해지고 행복했던 기억은 커진다는 것이다.

윤이재 『아흔 살 슈퍼우먼을 지키는 중입니다』 다다서재

그리고 때로 불화하더라도 함께 나이 들고 싶고 소식이 듣고 싶은 친구가 분명 존재한다.

어느 날 홀연 강아지가 사라진다. 할머니는 강아지의 안부가 궁금해지고 위험하다고 느꼈을 때 주저 없이 강아지를 구하러 출동한다. 그리고 마침내 할머니는 강아지에게 '럭키'라는 이름을 지어 준다. 왜냐하면 그리운 강아지를 다시 만난 그때, 할머니의 친구들이 할머니에게 얼마나 소중한 존재였는지가 떠올랐기 때문이다. 비록 그들이 먼저 세상을 먼저 떠나 버렸지만, 다시는 볼 수 없다는 사실이 너무 슬펐지만, 그들과의 추억은 일생 다시 없을 기쁜 일이었던, 그 사실이.

작별할 것을 알지만 손을 내미는 용기, 친구들과의 추억이 그것을 가능하게 했다. 비로소 럭키라는 이름을 갖게 된 강아지는 할머니가 이름 지어 준 집, 이름 지어 준 침대, 이름 지어 준 소파에서 행복하게 함께 산다. 해피엔딩이다.

어머니는 마지막에 종합병원과 요양병원을 1년 넘게 오고 갔다. 그때쯤 어머니는 요양병원을 집처럼 여겼고, 종합병원에 장기간 입원이라도 하게 되면 다시 돌아갈 날만을 손꼽아 기다렸다. 그리고 요양병원 의료진과 환자들을 다시 만나는 날이면 어머니의 얼굴엔 반가움의 화색이 돌았다.

"어머니가 뒤도 안 돌아보고 들어가시는 거 있지? 좀 서운하더라."

그것은 병원 살이에 동행한 딸이 서운해할 정도의 반색이었다. 요양병원의 같은 병실 환자들은 보통 어머니와 같은 연배였다. 위로 아래로 서너 살 차이가 나기도 하지만 그쯤이면 비슷한 나이였다. 같은 연배, 같은 또래. 또래 집단이 주는 안정감이란, 비단 아동기에 국한되는 것이 아니다. 어머니는 또래가 모여 있는 그곳으로 돌아가야만 비로소 편안해 하고 불안함을 잊었다.

친구를 찾고 친구를 좋아하는 것은 유년기나 노년기나 매한가지다. 아니 노년기에는 거기에 절박함이 더해진다. 사춘기에도, 청년기에도, 장년기에도 친구가 없으면 외롭지만, 그 시기에는 친구를 대체할 연인이라거나 가족이라거나 일이 있었다. 마음을 쏟을 대체할 것 없는 노년기에 친구의 존재는 어마어마하게 클 것이다. 그게 죽음일지라도 함께 가고 싶은 정도. 혼자 살아남은 것이 이긴 게 아니라 진 것처럼 느껴지는 정도. 그 정도다.

경제활동

경제적이지 않은
60대 여성의 경제 생활

이서수
『**엄마를 절에 버리러**』
자음과모음

    나는 대학에서 일하는 비정규직 근로자다. 30대 중반에 회사를 퇴직한 후부터 줄곧 비정규직의 삶을 살고 있다. 한때 다시는 정규직의 삶을 살지 않겠다고, 어디에도 속박되지 않고 가볍게 살겠다고 다짐한 적이 있다. 정규직의 삶이 너무나 고달팠기 때문이다. 나는 을로서의 인생에 지쳐 있었다.

    일이 인생의 1순위인 삶이 매우 프로페셔널 해 보였던 시절도 있었다. 아이가 아파도 반차를 쓰겠다고는 절대 말하지 못했던 시절, 어린이집에 아이를 찾으러 가야 해서 정시 퇴근해야 한다고 한 번도 말하지 못했던 시절. 하지만 지금은 아니다. 일터에서 가정과 자신을 하대하는 삶은 각광 받지 못한다. 내 기준에서는 놀라운 시절이 왔고 이런 시절에서 나는 다시 정규직이 되고 싶어졌다. 매우 되고 싶은데 가능성은 희박하다.

대학 졸업반인 4학년 때부터 인턴으로 일했으니, 월급을 받고 일한 세월이 25년이다. 20대의 노동과 30대의 노동과 40대의 노동은 분명 달랐다. 노동자, 피고용인으로서의 삶은 어떤 면에서는 무한반복되지만 다른 면에서는 매번 달랐다. 나이가 들고, 그에 따라 가치와 생산성은 달라지고, 세상도 변했기 때문이다.

내 50대의 노동과 60대의 노동은 어떠할까. 그것도 종종 상상한다. 70대의 노동과 80대의 노동도 생각해야 하지만, 일단 급한 불부터 끄고 보자는 마음이다. 너무 인생을 멀리 보고 계획을 세우려고 하면, 두렵고 막막해진다. 그래서 나는 어떤 것에 대해서는 너무 멀리 보려고 하지 않는다. 너무 먼 미래는 내게 오지 않을 수도 있으므로, 일단 가까운 미래만 설계하자. 그래야 현재를 살 수 있다.

이서수 작가의 책 『엄마를 절에 버리러』에는 짧은 단편소설 세 편과 에세이 한 편이 실려 있다. 읽으면서 자꾸 어머니와 딸의 이야기가 반복된다고 생각했는데, 뒤에 부록처럼 붙어 있는 작가의 에세이를 보니 이것은 작정하고 쓴 엄마와 딸의 이야기였다. 세 편의 단편소설에는 항상 30대 딸과 60대 엄마가 나오는데 항상 가족은 단둘이다. 30대 딸은 일하고 60대 엄마는 노동을 하지 않는다. 마지막 에세이에서 작가는 실제 본인과 본인의 엄마에 대해 이야기하는데, 소설 속 딸들과 에세이 속 작가는 닮은 듯 다르다. 단편소설 세 편, 세 명의 캐릭터에 일정 부분 작가가 투영되어 있음을 느꼈다. 소설 속 주인공은 모두 다 조금씩 작가 본인이었고 조금씩 작가의 어머니였다.

나를 '이서수 월드'로 끌어들인 이서수 작가의 첫 책 『헬프 미 시스터』는 여성의 노동에 대한 이야기였다. 플랫폼 노동을 하는 젊거나 늙은 여성들의 이야기. 그들은 가족이었다. 작가의 또 다른 책 『몸과 여자들』도 딸과 엄마에 대한 이야기다. 『몸과 여자들』 속 엄마는 말한다. 자신의 딸들을 '전반적으로' 좋아한다고. 그리고 딸들에 대하여 "좋다고 하여 이해할 수 있는 것은 아니고, 싫다고 하여 이해가 되지 않는 것도 아닙니다."라고 말한다.

이서수 『헬프 미 시스터』 은행나무

대체 어떻게 이렇게 정치하게 자신의 마음을 표현할 수 있을까?

딸과 엄마에 대한 이야기라면, 서로 간의 마음에 대한 이야기라면, 나 또한 시어머니 이야기만큼이나 할 말이 많다. 누군들 그렇지 않을까. 하지만 새롭게 쓸 자신이 없다. 진부하지 않고 신랄하지 않고 신파적이지 않게, 그렇게 담백하게 쓸 자신이 없다. 그런데 이서수 작가가 쓰는 딸과 엄마의 이야기는 그렇지 않다. 이상하게 새롭고 이상하게 아기자기하다. 현실적인데 아기자기한, 딸과 엄마의 이야기.

첫 번째 단편 「엄마를 절에 버리러」에는 딸과 엄마 외에 아빠도 나온다. 아빠는 젊은 시절 가족들이 불화하는 원인이 되었고, 중년에 들어서 일찍 병들었고, 오랫동안 모녀의 돌봄에 힘입어 병든 노년을 보내다가 죽는다.

이서수 『몸과 여자들』 현대문학

딸과 엄마는 오랜 시간 돈을 벌고 빚을 지며 아빠를 돌본다. 모녀는 지치고 남루해지고 너덜너덜해진다. 몸도 마음도 삶도. 아버지를 오래 돌보느라 지친 엄마는 마찬가지로 오랜 돌봄에 지친 딸에게 말한다. 만약 혹시 자기가 병에 걸린다면 도망가라고. 가족에게는 이런 진심이 있다. 이런 진심을 내뱉을 용기가 있다면 가족은 연대할 수 있다. 내뱉지 않으면 진심은 전달되지 않는다. 그러므로 허공에 있는 진심이란 무용한 게 아닐까.

 아버지와 사별 후 엄마는 절에 들어가겠다고 한다. 그 옛날 딸을 임신했을 때 찾아갔던 절, 그곳에 가서 살겠다고. 딸은 엄마를 절에 버리러 가는 마음으로 그 길에 동행한다. 물론 버리지 않고 함께 산에서 내려온 그들은 여행을 간다. 그리고 여행지에서 폭죽을 터뜨린다.

 두 번째 단편 「암 늑대 김수련의 사랑」에는 투잡으로 글을 쓰는 딸과, 습작 소설을 쓰는 엄마가 나온다. 엄마가 쓰는 소설의 장르는 판타지 로맨스다. 반인반수가 나오고 주인공들은 사랑을 한다.

 엄마의 소설을 읽으며 딸은 생각한다. 자기는 엄마만 있으면 되는데, 자기는 로맨스가 필요 없는데, 엄마는 아닌가. 하지만 곧 알게 된다. 엄마의 노트에서 발견한 눈에 띄는 한 단락. 그 단락이 모든 걸 설명한다. 그것은 전동차 내 '비상시행동요령'이었다.

원문에는 비상시 비상통화장치를 통해 기관사와 통화한 후 대피하라고 되어 있겠지만, 엄마는 거기에 기관사 대신 딸을 써넣었다. 지하철 화재 발생 시 엄마는 딸과 제일 먼저 통화하고 딸의 안내에 따라 탈출한다고 써놓은 것이다. 딸은 그 메모가 이상하다고 생각하면서도 본인도 그러한 상황에 처한다면 엄마에게 전화할 것이라는 것을 안다. 엄마와 딸의 관계란 그런 것인가.

이제 막 노년에 접어든 60대의 엄마. 노년의 초반이지만 이제 슬슬 세상이 무서워지는, 본인의 지력과 체력과 그런 것들의 노화를 실감하는, 그래서 청년기 자식에게 의지하기 시작한 엄마의 마음이 역력히 담긴 단락. 사랑을 넘어서는 딸에 대한 어떠한 마음. 그리고 또 이쪽, 딸의 마음.

세 번째 단편 「있잖아요 비밀이에요」에는 딸 부부에게 얹혀사는 우울증 걸린 엄마가 나오는데, 엄마는 지금도 앞으로도 노동을 할 자신도 마음도 없다. 자신은 아프고 늙었고 세상은 불안하다. 그래도 딸 부부가 60대인 본인을 부양하고 있는 것이 미안한 엄마는 정신장애인이 되고 싶다. 곧 마흔이 되는 딸 내외가 자신을 30년 이상 더 부양할지도 모른다는 것이 불안해서 복지 혜택을 누려보려는 참이다.

의사에게 정신장애인이 되기 위한 서류 발급을 해 달라고 통사정을 하는 엄마는 이렇게 말한다. 자기는 이제 겨우 예순넷이라고. 겨우, 예순넷. 그러므로 100세 시대에 살아가려면, 딸에게 덜 미안하게 살아가려면, 반드시 자신은 정신장애인이 되어야만 한다고.

최근 가족의 일로 병원 투어가 잦아졌다. 나는 당연히 건강과 질병 그리고 죽음에 대해 조금 더 깊게 생각하게 되었고, 병원에 있는 많은 사람들을 보며 깨달았다.

노년은 당연한 것이 아니었다. 누군가는 나이 들어 자연스럽게 노년이 되지만, 누군가는 노년이 되기 전에 죽는다. 노년이 되려면 수많은 행운이 겹쳐야 하고, 수많은 불행을 겪어야 한다. 그래야 우리는 비로소 노년이 될 수 있다. 하지만 비로소 노년이 되면, 노년기의 노동이 기다리고 있다.

전문직이 아니라면, 전문직 중에서도 최상급 전문직이 아니라면, 노년기 여성의 노동이란 척박하고 남루하다. 청소, 세탁, 가사 노동, 각종 돌봄. 또 뭐가 있을까. 여성 노인들은 아기를 돌보고 노인을 돌보고 아픈 사람을 돌본다. 또 집을 청소하고 학교를 청소하고 지하철을 청소한다. 이른 새벽 텅 빈 학교 강의실을 청소하는 여사님들을 보면서, 불 꺼진 병원 로비 소파에서 마스크를 쓰고 잠이 든 간병인들을 보면서, 노년 여성의 노동에 대해서 생각한다.

이 책은 60대 노년 여성의 경제적이지 못한 경제활동에 대한 이야기다. 나는 여성이고, 노년이 될 것이며, 가난할 가능성이 높다. 과연 나의 경제는 어떻게 될까, 이것은 나의 이야기다. 아, 그런데 나는 딸이 없구나.

커뮤니티

노년의 공동체,
안녕 커뮤니티

다드래기
『안녕, 커뮤니티』
창비

돌아가신 내 할머니는 서울에서 아주 먼 지방 소도시, 거기서도 한참을 들어가는 작은 마을에 살았다. 작은 마을이어서 우체부는 마을 누구의 손주고 파출소 순경은 옆 동네 누구의 조카고 공공기관에 가도 은행에 가도 다 아는 얼굴들이었다. 길에서 술 마시고 인사불성이 된 어르신을 만나면, 동네 이장에게 전화하면 모든 것이 해결되는 동네. 동네는 즉 마을 공동체여서 모든 것을 함께했다.

할머니는 성정이 불같아서 말년에 꽤 자주 발작인지 쇼크인지

모를 신체적 위기가 오곤 했다. 아마 본인의 화를 못 이겨 혈압이 치솟고 불안증이 신체화했던 것 같다.

그날은 특별한 날이어서 오랜만에 만난 자식들과 함께 있는데 과거 이야기를 하다가 쇼크가 오고야 말았다. 힘들었던 시절을 말하다가 인생 설움이 복받친 것 같다. 곧 죽을 것 같은 어머니에 놀라서 자식들은 구급차를 불렀고, 가는 내내 안절부절못했다. 구십을 바라보는 노인이 숨이 꼴딱 넘어갈 것만 같았으니까. 그때, 구급대원이 말했다.

"내비 두씨오. 할 만큼 해야 끝나더라고. 이제 곧 괜찮아질 것이오."

119 구급대원들은 할머니의 쇼크를 꽤 여러 번 본 것이다. 그들은 그때마다 어두운 시골길을 달려 할머니에게 와 주었고, 병원에 가는 동안 할머니의 넋두리인지 헛소리인지 모를 말들을 들어 주었다. 할머니가 병원에 다녀온 후 괜찮아지는 데에는, 병원의 치료도 있었겠고, 구급대원들이 함께해 준 일련의 과정들도 있었을 테다. 바쁘고 힘든 구급대원들에게 내 할머니도 감당해야 하는 많은 소동 중의 하나였을 텐데.

도시에서 떨어진 외딴 지역. 구급대원도 경찰도 우체부도 늘 같은 인력이 드나드는 곳. 거기서는 그들이 큰 가족이면서 공동체 역할을 하고 있었다.

『안녕, 커뮤니티』는 노인 공동체에 대한 이야기를 그린 만화다. 노인들의 안녕을 위한 커뮤니티. 재개발이 무산된 동네에는 70대 이상 노인들이 주로, 많이 산다.

어느 날 혼자 사는 노인이 세상을 떠난다. 이웃들은 박 사장이 안 보이네, 안 보이네 하면서도 설마 몰랐다. 그런데 이상한 느낌에 문을 따고 들어가 보니 박 사장은 죽어 있었고, 시간도 꽤 흘러 냄새가 나고 있었다. 이웃이 죽은 것을 며칠 뒤에 알다니, 노인들은 놀라고 자책한다. 그래서 주인공 덕수 씨는 서로의 안부를 서로가 확인할 것을 제안한다. 생존 확인을 위해 '안녕 연락망'을 만들고, 밤새 죽지 않고 살아 있는지 순번대로 확인 전화를 한다. 그게 『안녕 커뮤니티』의 시작이다. 인원은 점점 많아지고 그들은 '밤새 안 죽었냐?'는 메시지를 주고받게 된다.

만화 속 등장인물들은 하나 같이 다 조금씩 다르고 조금씩 약하다. 70대 초반 덕수 씨 며느리는 필리핀 사람이고 당연히 손주들은 외모가 눈에 띈다. 김밥집 사장님은 아버지를 잃고 남편을 잃고 사위를 잃는다. 은퇴한 교장 부부는 황혼 별거에 들어가는데, 교장은 전형적인 가부장이고 아내는 그 희생양이었다. 부동산 사장은 평생의 연(緣)과 오랫동안 행복하게 살려고 했는데 오랜 친구는 병으로 먼저 떠난다. 부동산 사장과 연인은 둘 다 여성이다. 그들 안에 혼자 사는 늙고 약한 그리고 가난한 노인들이 포함된다. 늙고 가난하고 약한 그들에게는 특별한 것이 있다. 그들은 같이 살기 위해 서로 돕는다.

얼마 전 은행에 방문할 일이 있었다. 요즘은 모바일뱅킹으로 모든 것이 다 되고 좀 복잡한 업무도 고객센터에 전화하면 웬만하면 해결된다.

ARS 버튼을 끝도 없이 눌러야 하지만, 직접 은행에 가지 않아도 되는 게 어딘가. 일찍 문 닫고 주말에도 안 하고 한 번 가면 장시간 기다려야 하는 은행은 정말이지 가고 싶지 않은 곳이다. 그런 은행에 오랜만에 갔을 때, 풍경이 많이 달라진 것을 느꼈다.

일단 창구에 대기하는 대부분의 고객이 노인이었다. 그리고 입구에서는 고객을 선별해 정리하는 직원이 있었다. 무슨 업무는 창구로, 무슨 업무는 모바일뱅킹으로, 무슨 업무는 ATM기로. 척척박사처럼 모든 걸 해결하는 직원은 나처럼 아직 노인이 되지 않은 사람은 모바일뱅킹 프로세스를 안내하며 지시에 따라 오도록 유도했고, 조금 젊고 빠릿빠릿한 노인들은 화상채팅실로 안내했다. 그러고 나서 본인이 해결할 수 없는 고객들은 창구에서 대기하도록 했다. 그 광경을 보면서 나는 여기가 행정복지센터인가, 구청 민원실인가 그런 생각을 했다.

창구에서는 본격적으로 은행 직원들의 민원 처리가 시작된다.

창구에 앉은 노인들은 자식들을 대동해 한쪽에 그저 우두커니 앉아 있기도 했고, 본인이 직접 돋보기를 쓰고 천천히 업무를 보기도 했다. 창구 직원들은 종종 목소리가 매우 커졌고, 했던 말을 여러 번 반복하고 있었다. 본인이 읽고 이해했음을 똑같이 써야 하는 시점인데 눈이 어두워 보지 못하는 고객은 직원이 크게 소리 내 불러주면 받아서 썼다.

노인이 많아진 세상. 세상은 스마트해지고 있는데 노인들이 스마트해지는 것에는 한계가 있다. 그러나 이렇게 직원들이 자세하고 친절하게 도와준다면, 70대 중반인 내 엄마 아빠도 은행에 직접 가서 뭐든지 할 수 있을 것만 같았다.

하지만 이것은 자본주의의 경제 논리에 의해 완성된 시스템이다. 이것은 자생적이지 않고 커뮤니티와도 다르다. 커뮤니티, 즉 공동체란 같이 살기 위해 같이 애쓰는 구조다. 경제적이지 않아도 사라지지 않을 단단한 그 무엇. 『안녕, 커뮤니티』에는 바로 그것이 있다. 우리는 이제 그것이 필요하다.

자식이 있어도 없어도, 많아도 적어도, 친구가 있어도 없어도, 노년의 일상에 누군가가 상시 존재하기란 어렵다. 그리고 나의 안위를 위해 타인을 상시 옆에 있게 하는 것도 썩 마음 내키는 일은 아니다.

내 노년에 다정한 어떠한 커뮤니티가 존재할 거라는 상상은 꽤 근사하다. 내일 일도 모르는 세상에 10년 후 20년 후를 설계하기란 어렵겠지만, 커뮤니티가 있는 노년과 없는 노년은 매우 다를 것이다. 나는 내 노년에 가족이 함께하는 것도 좋지만 완벽한 타인으로 이루어진 커뮤니티와 함께하는 것도 좋을 것 같다.

가족이 아니고 타인이어서 생각보다 좋고, 빛을 발하는 관계가 많다. 만화 속 장면들은 서글프고 처량하지만 싫지 않다. 쪽방촌 이야기가 나올 때에는 가난이 심하고 인생이 가혹해 그저 남의 일이었으면 하는 에피소드들도 있었지만, 전반적인 분위기는 솔직히 부럽기도 했다. 여러 다른 조금씩 약한 사람들이 모여 정성껏 서로 도우며 사는 것, 꿈꾸어볼 만한 노년이다. 나의 노년에 서로의 안녕을 빌어 주는 커뮤니티가 함께 한다면, 덜 외롭고 덜 고독할 것 같다.

다드래기 『안녕, 커뮤니티』② 창비

중년부부

중년을 건너
노년으로

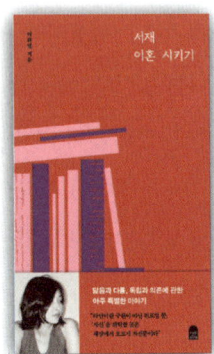

이화열
『서재 이혼 시키기』
앤의서재

『서재 이혼 시키기』. 책 표지는 낯선데 책 제목은 익숙하다. 나는 이 책을 봤을 때 앤 패디먼의 『서재 결혼 시키기』를 바로 떠올렸는데, 아마 많은 독자들이 그랬을 것이다. 작가도 그 부분을 고려했는지 여는 글에서 『서재 결혼 시키기』를 읽은 감상을 썼다. 이혼과 결혼. 두 책은 전혀 다른 이야기다. 하지만 두 책 모두 타인과 결혼이라는 이름으로 함께 사는 일에 대해 썼다. 어쨌든 '함께' 사는 것이다.

『서재 이혼 시키기』에는 한 부부의 중년과 노년이 함께 들어 있다. 한국인인 작가에게는 프랑스인 남편과 두 자녀가 있는데, 두 자녀는 지금은 모두 독립했다. 작가의 딸, 아들인 단비와 현비는 책 속에서 어느 순간 중학생이었다가 또 어느 순간에는 고등학생이 되었는데 대학 졸업 후 취업도 하고 독립도 한 상태인 때가 가장 많았다. 책을 읽는 동안 나는 작가의 가족들 즉 남편인 올비 씨와 첫째 단비, 둘째 현비의 지인으로 살았다.

이화열 작가의 전작 『지지 않는 하루』에도 작가의 가족들이 나오는데 나는 그 책도 매우 재미있게 읽었다. 그래서 그런지 나는 작가의 가족들이 눈에 선하다. 시즌제 드라마를 보는 기분이랄까. 한 작가의 팬이 된다는 것은 이런 건가 보다. 오랜 세월 대화로 다져진 관계인 듯 나는 빠르게, 그리고 깊이, 작가의 삶과 생각에 동화되었다.

가끔 내 책을 읽은 누군가가 또는 내 책을 읽은 지인이 아주 깊게 '나를 읽은 것 같은' 느낌이 들 때가 있다.

앤 패디먼 『서재 결혼 시키기』 지호

이희영 『지지 않는 하루』 앤의서재

  나도 잊고 있었던 내 책 속 문구에 관계된 감상을 말한다거나, 나도 발견하지 못했던 내 마음 상태의 원인과 맥락을 파악해 말해 줄 때 그렇다.

  독자와 작가의 관계란, 텍스트로 연결된 관계란, 참으로 오래 걸려 완성된 정성 어린 관계가 아닐 수 없다.

  책은 세 개의 장으로 구성되는데, 첫 장은 작가의 프랑스인 남편 '올비'에 대한 이야기다. 부부란 얼마나 다른가. 사람의 취향이 얼마나 다를 수 있는가. 그에 대한 이야기들이 하나의 장을 빼곡히 채운다.

  올비는 요즘 방식으로 설명하자면 MBTI가 J(Judging)와 P(Perceiving)중 J다. 그것도 파워 J. 모든 것을 계획하고 만약을 대비한다. 오죽하면 작가가 자기 남편이 사는 섬은 '혹시라도(島)'라고 말할까. 혹시 일어날지도 모르니 모든 것을 대비하는 사람. 반면에 작가는 반대편 섬에 산다. 발길 닿는 대로 여행하는 스타일, 수고로운 노동 말고 여행을 하자고 말하는 스타일. 둘은 완전히 다르다.

이런 부류의 이야기에 나는 꽤 몰입하는 편이다. 왜냐하면 나도 내 남편과 매우 달라서다. 남편에 대해 지인들에게 말하면서 자주 사용하는 말이 있다.

"이번 생은 힘들 것 같아."

아무래도 그와 나의 간극을 좁히기란 이번 생은 힘들 것 같다. 이런 말을 하면, 친구들도 지인들도 그렇게까지 안 맞아 보이지 않는데 의외라고 말한다. 그리고 내 말이 왠지 남편을 포기했다는 말로 들리는지 그것 또한 놀랐다고 말한다. 내가 한 말은 그 말이 아닌데. 서로 다르다고 해서 성격이 안 맞는 것이 아니고, 남편과 맞추지 않겠다고 해서 포기했다는 말은 아니다.

하나의 장을 꽉 채워서 빼곡히, 100쪽이 넘는 분량을, 작가는 올비와 자신이 얼마나 다른지 말한다. 그리고 올비에게 할애한 지면이 끝날 때쯤 작가는 "사람은 고쳐 못 쓴다 해도 바람 없는 관계는 종말이다."라고 말한다.

이제야 첫 장의 제목이 눈에 들어온다. 1장 '닮음과 다름, 독립과 의존 사이'. 그리고 여는 글에서 작가는 이미 말했다. '닮음'의 열망 때문에 '다름'이라는 현실을 간과하고 살았다는 것을 서재를 이혼시키면서 깨달았다고. 배우자와 내가 태초부터 닮은 사람이기를 바라는 열망, 그것 때문에 종종 다르다는 사실을 외면하고 다르고 싶지 않아 분투하지만 어쩔 수 없다. 우리는 하나가 아니라 둘이다. 다르다는 것이 기본값이다.

언젠가 황혼 이혼이 유행처럼 번지던 시기가 있었다. 그런데 한 번의 유행으로 끝나지 않고 이제 이혼의 한 형태로 안착한 느낌이다. 자녀를 낳고 성장시킨 후 하는 이혼이니만큼, 황혼 이혼을 하는 부부의 나이는 충분히 노년이다. 늦은 나이에 이혼을 선택하는 여러 가지 이유가 있겠지만, 나는 그들이 노년이 되어서야 비로소 닮음의 열망을 내려놓을 수 있었던 것이 아닐까 생각한다. 황혼이 되어서야 가까스로 배우자와의 닮음의 열망을 온전히 버릴 수 있는 것이다.

종종 우리는 상대방이 마음에 안 든다. 부모도 형제도 친한 친구도, 왜 그렇게 다들 내 맘 같지 않은지. 그런데 생각해 보면 '내 마음'은 단 하나뿐이다. 그러므로 '내 마음 같은 존재'란 문장부터 오류가 있다.

올비, 즉 배우자의 지면이 끝나고 나면, 자녀들의 지면이 시작된다. 2장 '탯줄 자르기'. 1장의 마지막 이야기는 '중년의 습관'이었다. 조금씩 고랑을 파서 물을 흘러내리듯 중년의 습관이 노년을 만든다고 하더니, 두 번째 장을 시작하자마자 탯줄을 자른

단다. 중년에서 노년으로 장면이 전환되자마자 아이들을 떠나보내는 이야기다. 더 이상 아이가 아닌 다 큰 자식들을 마음으로도 떠나보내는 이야기다.

작가의 딸 단비는 대학을 졸업하고 직장을 얻으면서 독립까지 한 번에 하게 된다. 모든 것들이 휘리릭 바람 같이 진행된다. 작가는 무덤덤하게 말한다. 최고의 부모는 자식을 곁에 묶어 두지 않으며, 부모의 잘못된 권력은 사랑, 희생, 가족주의라는 가면을 쓴다고.

가족주의라는 단어를 처음 접했을 때, 나는 오묘한 마음이 들었다. 단어 하나로 해방감을 느꼈고, 동시에 내 아이를 생각하면서 쓸쓸함을 느꼈다. 내가 자녀로서 부모에 대한 의무감에 긴 세월 속박되어 살았다고 느끼면서도, 내 아이가 가족주의와는 상관없이 살까 봐 쓸쓸하다. 더없는 기회주의적 사고다.

나는 아직도 엄마 아빠와 실시간으로 연결되어 산다. 아이를 낳았을 때 농담으로 종종 친구들에게 말했다.

"우리는 씨족 사회야, 이모, 외삼촌 가족들이랑 다 한 동네 살거든."

나는 아주 좋았고 잘 지냈다. 아이를 낳았을 때 100일까지는 제대로 안아 보지도 못했다. 늘상 누군가가 안고 있었기 때문이다. 그렇게 시작된 씨족 사회에서의 삶이 지금까지다. 나는 부모

덕분에, 부모로서의 삶에 잘 안착했다. 동시에 한 번도 부모에게서 독립해 본 적이 없고 여전히 부모의 삶에 속해 있다.

부모로서의 삶을 나보다 조금씩 먼저 살고 있는 작가는 아이를 키우면서 아낌없이 주고 아낌없이 받았으니 공정한 거래였다고 말한다. 작가는 깨어 있는 부모다. 작가가 청년기와 중년기를 보낸 곳이 프랑스이고 배우자가 프랑스 사람이라는 것, 즉 프랑스 문화적인 부분이 있다는 것을 감안하더라도 내 눈에 작가는 매우 독립적이고 세련됐다. 책을 쓰면서 독립을 말하고자 했다는 작가의 목적은 충분히 완성되었다.

남편 올비에게 할애한 지면을 지나, 두 자녀에게 할애한 지면을 지나, 마침내 노년에 대한 지면이 나온다. 3장 '온전히 자기 자신과 만나는 일'. 노년에 접어드는 시기이다 보니 어쩔 수 없이 주변 노인 그리고 작가의 부모에 대한 이야기들이 나온다.

나보다 조금 앞서 늙은 사람들을 관찰하고 그들과 관계하는 것은 꽤 도움이 된다. 어릴 때는 그저 어른이 멋있어 보여서 얼른 어른이 되고만 싶었다. 청년기에는 당연하게도 중년도 노년도 눈에 들어오지 않았다. 청춘의 나는 내가 중년 혹은 노년이 될 거라는 생각조차 해 본 적이 없다. 이제 중년이 되고 보니 노년의 삶이 곧 내가 갈 길이라는 생각이 들어서인지 무엇 하나 허

투루 보이지 않는다. 남들의 노년도 내 부모의 노년도 다 내 일이 될 것만 같아 유심히 본다. 그러면서 나는 중년은 준비 없이 맞았지만 노년만은 그러지 않으리라 다짐한다.

배우자와 함께 자녀와 함께 진행되는 중년과 노년. 나이 들면서 달라지는 관계의 변화들은 상실이 아니라 변화다. 작가는 그것을 노년의 맛이라고 했다. 맛이라고 해서 꼭 맛있어야 하는 것은 아니다. 때론 입안에서 서걱거리지만 새콤달콤 아는 맛을 지나서 새로운 맛이 들어왔을 뿐.

『서재 이혼 시키기』를 보면서 중년과 노년에 대한 성숙한 해설을 접했다. 덤덤하지만 섬세하고 용기 있는 해설. 책의 마지막에 작가는 "이제 행복하게 늙을 준비를 마친 기분이 든다."라고 말한다. 늙을 것을 대비하여 준비해야 하는 것은 경제력, 체력 그런 것들도 있겠지만 무엇보다 마음이다. 늙을 마음. 마음도 차곡차곡 준비해 보자.

3부

돌봄과 죽음

연명치료

이 시대
우리가 죽는 장소

김형숙
『도시에서 죽는다는 것』
뜨인돌

   책 제목은 『도시에서 죽는다는 것』이다. 무슨 책일까? 동네가 도시로 산업화하면서, 도시에서 나고 죽는 우리의 인생에 대한 이야기일까? 책을 다 읽은 후 알게 되었다. 작가가 말하고자 하는 바는 '대학병원 중환자실에서 죽는다는 것'이었다.

   이 책은 목차만으로도 충분했는데, 특히 2장이 그랬다. 2장 '중환자가 된다는 것, 나에 대한 결정에서 배제된다는 것'의 내용은 이렇다.

고립, 소외, 침묵, 분노, 공포, 배제.

저자가 중환자실 간호사로서 보고 느낀, 중환자실에서 생의 마지막을 맞이하는 환자들의 다양한 감정들이다. 하지만 환자들의 감정은 이렇게 유형화하면서도 정작 글을 쓴 자신은 많은 혼돈을 겪었나 보다. 책 곳곳에서 당시 본인의 생각과 느낌이 옳았는지, 바람직했는지 묻고 또 묻는다.

죽음 앞에서 환자와 가족과 의료진은 트라이앵글 관계다. 완치라는 하나의 목표를 가지고 한 방향으로 연대할 수 있겠으나, 죽음 앞이라면? 죽음이라면 뭐가 옳고 뭐가 그른지 판단할 엄두를 낼 수 없다. 작가는 피해 갈 수 없는 죽음이라면 죽음의 결과가 아니라 그 과정에 집중해야 한다고 책 전체를 가로지르며 메시지를 전한다.

나는 20대 때 죽음에 대한 생각을 비교적 자주 했다. 어떻게 살아도, 어느 누구도 피할 수 없는 것이 노화와 질병과 죽음이라는 것, 그 사실에 꽤 천착했다. 어느 날은 이렇게도 생각해 봤다. 부자도 아름다운 사람도 똑똑한 사람도 결국 병들고 죽는 것을 보면, 그것만은 매우 공평하지 않느냐고. 하지만 죽음을 자주 생각하는 것은 유쾌하지 않았고, 그런 생각이 커지면 현재의 내 삶을 좀먹을 거라는 것을 나는 알았다. 그래서 나는 아직 젊으니까 일단 무시하고 살아 보자고 생각했다. 죽음은 피할 수 없는 것이라는 명제를 외면해 보자고. 그때가 스물일곱 살이었다. 정확히 기억이 난다. 하지만 더 이상 외면할 수 없는 시점이 어느 순간 왔고, 점점 더 자주 오고 있다.

2장에는 중환자실에서 일어나는 모든 일들이 환자 중심으로 나열돼 있다. 생의 마지막을 맞고 있는 환자는 수많은 처치와 의술에 가려져 고립되고, 의료진은 보호자만 찾으니 당사자는 소외된다. 본인의 일에서 고립되고 소외되니 때로 침묵하고, 죽음 앞에서 당연하게도 분노하고 공포를 느끼며, 본인의 마지막을 선택하는 결정에서 배제된다.

시어머니는 90세 8월에 요양병원에 입소했다. 그 전까지 구급차를 종종 탔는데, 한 번은 혼자 있던 중 호흡 곤란이 와서 떨어져 사는 우리가 급하게 119에 전화해 구급차를 집으로 보낸 적이 있다. 그때 구급대원은 남편에게 전화로 물었다.

"연명치료에 동의하십니까?"

어머니가 매우 고령이니 연명치료가 필요한 상황이 발생할 수도 있는데, 그 여부에 따라 이송되는 병원이 달라진다고. 그리고 동의한다면 대학병원, 동의하지 않는다면 가까운 2차 병원으로 간다는 설명을 덧붙였다. 남편은 구급대원의 설명을 '연명치료에 동의해야 더 큰 병원으로 이송된다'는 뜻으로 이해해 '동의한다'

라고 답했다.

 어머니가 그 나이가 될 때까지, 우리 가족은 어느 누구도 그런 생각을 해 본 적이 없다. 따라서 가족들 간에 그런 이야기를 나눠 본 적이 없다. 아무리 나이가 많다 해도 바로 오늘까지 집에서 손수 밥 짓고 화장실 가고 세수하는 삶이 가능했던 분인데. 연명치료 여부를 선택하라니, 너무 느닷없지 않은가.

 우리는 너무 무지했다. 90의 나이는 그런 이야기를 나누기에 결코 이른 나이가 아니다. 어머니가 건강한 노년을 보내고 있었기에 그랬다고 말하기에도, 매우 많이 민망하다. 어머니 나이는 그런 낙관이 적합하지도 어울리지도 않은 나이였다. 나중에 시누이와 전화 통화를 하다가 그 이야기를 했다. 그냥 남편과 나는 그때 너무 놀랐다고, 그런 질문을 받은 것이 너무 느닷없었다고, 푸념이나 하려는 참이었다. 한데 시누이는 바로 이렇게 말했다.

 "그런 걸 물었어? 근데 그건, 아들들이 결정해야지."

 아마 시누이는 본인이 그 당시 그런 말을 한 것을 기억하지 못할 것이다. 나와 15년의 나이 차이가 나는 시누이에게 집안의 중대 결정은 당연히 남자, 아들의 몫이다. 어머니의 연명치료를 결정하는 것은 집안의 중대사이고, 그러므로 아들이 해야 하는 일이다. 당연한 것을 당연하게 말했으므로 특별하지 않은 일이고 그러므로 기억에 남을 만한 에피소드가 아닐 것이다. 그런데 나는 시누이의 말을 들었을 때 뭔가 방향이 맞지 않는 대답을 들은 듯했고 그래서 그날의 대화가 오래 기억에 남았다.

사실 나는 당시에 질문의 본질에 다가가지 못한 상태였다. 구급대원은 만약의 경우를 위한 의례적인 질문을 한 것이었을 텐데, 혹시나 해서 물은 질문에 이렇게 무겁게 답하다니 왜 이럴까. 나는 시누이의 반응이 과하다는 생각뿐이었다. 내가 원했던 것은 질문에 대한 답이 아니라, '깜짝 놀랐겠네.' 정도의 공감이었다.

하지만 시간이 지나면서 이런 생각은 들었다. 어머니의 선택도 아니고 아들들의 선택이라니. 너무나도 가부장적인 생각 아닌가. 우리에게 그런 결정권이 있나? 자식에게 부모의 생사를 선택할 권한이 있나? 그것부터가 의문인데, 아들이라니. 나는 일단 그 정도만 생각하고 지나갔다.

저자가 책 속에서 계속해서 반복하는 메시지는 딱 우리 가족에게 필요한 메시지였다. 저자는 계속 말한다. 환자, 가족, 의료진은 서로서로 한 사람의 삶의 마지막, 즉 죽음에 대해 더 많은 이야기가 필요하다고.

지금의 나는 조금 더 다르게 상황을 받아들인다. 시누이가 당시에 그렇게 반응한 데에는 죄책감이 있었을 것이고, 본인도 감당하기 힘든 무게감을 느꼈을 것이다. 바로 '연명치료'라는 단어가 주는 어마어마한 무게감. 나의 선택으로 어머니가 살고 죽는다면, 그것은 돌이킬 수 없는 큰 결정, 큰 권한 아닌가.

연명셔틀. 얼마 전 새롭게 알게 된 단어다. 구구절절 설명하지 않아도 단박에 그 뜻을 알아챌 수밖에 없는 조어다. 사람들은 어떻게 이렇게 설명력 있는 단어를 만들어 내는 것일까. 설명력이 매우 뛰어나지만 가차 없는 단어. 요양시설에서 삶을 지속하다가 상황이 위중해지면 종합병원으로 옮겨지고, 다시 호전되면 요양시설로 돌아오는 그런 삶. 그러한 삶을 시작하면, 연명셔틀에 올라탄 것이 된다고 한다.

시어머니가 요양병원에 있을 때, 종종 종합병원으로 전원되었다. 상황이 급박해지면 종합병원에 가서 집중 치료를 받고, 상황이 호전되면 다시 요양병원으로 전원. 그 주기는 점점 짧아졌다.

근본적인 해결이란 없다. 그냥 상황의 위중과 호전을 반복시키는 것에 목적이 있다. 종합병원에서는 반드시 위급해져야만 환자를 받아줬다. 덜 위급한 경우는 받아주지 않았고 아직 괜찮으니 요양병원에 더 있으라고도 했다. 요양병원에서는 정반대로 말했다. 상황이 언제 위급해질지 모르니 종합병원으로 전원해서 상태를 호전시킨 후 오는 게 좋겠다고. 보호자인 우리는 갈팡질팡했다. 어느 곳의 말이 맞는 걸까. 어머니는 이곳이든 저곳이든 어느 곳에 있어도 매한가지로 불편했을 것이다. 요양병원에서는 정서적 안정감은 있지만 언제 구급차를 타야 할지 모른다는 불안감이 있었을 테고, 종합병원에서는 각종 검사에 시달려야 하는 데다가 자식들이 간병하러 들락날락거리는 걸 봐야 하니 미안함과 죄책감이 상당했을 것이다.

종합병원에 외래 진료를 갈 때마다 의사는 말했다. 머지않아 어머니는 신장 투석을 해야 할 단계에 들어서는데, 90세가 넘은 노인에게 권유하고 싶지 않다고. 하지만 선택의 시기가 오고 있으니 가족끼리 미리 의논해 마음의 결정을 해 두라고.

물론 우리는 일찍 마음을 정했다. 어머니 나이에 말 그대로 '연명'에 해당하는 신장 투석은 하지 않을 거라고. 얼마나 견디기 힘들고 고통스러울지 짐작할 수 없으므로. 하지만 막상 그 시기가 왔을 때, 우리는 또다시 고민에 빠졌다. 우리의 선택이 옳았는가. 우리의 행동이 바람직했는가. 그 누구도 잘했다, 잘못했다를 말하지 않을 일이지만, 우리는 다 함께 같은 짐을 졌다.

저자는 '사전연명의료의향서' 즉 연명치료 동의여부를 환자 본인이, 조금이라도 더 건강할 때 주체적으로 결정해야 한다고 반복해서 말한다. 왜냐하면 연명치료는 너무나 아프고 고통스럽기 때문이다. 그리고 그러한 고통의 와중에 생을 마감하니, 가족들과의 작별을 제대로 하지 못한다고. 생생한 사례들이 책에 켜켜이 담겨 있다. 읽는 것이 힘들었지만, 단숨에 읽었다. 흥미 있어서라기보다는 메시지가 콕콕 와 닿았기 때문이다.

좀처럼 만나기 어려운 책을 만나 참 다행이다. 나는 이 책으로 죽음의 질에 한 발짝 다가설 수 있었다. 우리 모두 잘 죽어 보자.

음식과 죽음

곡기를
끊는다는 것은

정의석
『**병원의 밥 : 미음의 마음**』
세미콜론

   정의석 작가는 의사다. 책 제목 『병원의 밥 : 미음의 마음』에서 말하는 미음(米飮)은 쌀로 된 유동식, 죽이다. 책 제목만 보고 한글 자음의 초성 'ㅁ'의 미음인 줄 알았는데, 아니었다. 사실 한국어 교사인 나에게 먹는 미음보다 글자 미음이 더 빨리 떠오른 것은 당연한 일인지도 모르겠다.

   책의 부제는 '병원의 밥'이다. 책은 두 개의 장으로 구성되는데 앞장은 '나의', 뒷장은 '환자의'라는 소제목이 다시 붙어 있다. 즉 앞장은 의사인 작가를 포함한 의료진들의 밥의 세계이고, 뒷장은 환자들의 밥의 세계이다. 시작부터 책에 대한 궁금증과 호기심이 일었다.

앞장에서 작가는 병원 속 모든 음식들을 꺼내 놓는다. 의료진의 밥, 의료진의 카페인, 방문객들의 마음인 음료수, 장례식장의 육개장, 그리고 보호자들의 밥. 모두 병원 사람들을 먹고, 살게 하는 음식들이다.

2025년 1월 20일 시어머니가 세상을 떠나고 사흘간 육개장을 먹었다. 일주일 뒤 외할아버지가 세상을 떠났고, 나는 또 육개장을 먹었다. 내게 육개장은 장례식장의 맛이다. 연달아 상 치르느라 힘들겠다고 위로를 건네는 숙모에게 나는 우는 듯 웃으며 "육개장이 지겨워요, 숙모."라고 말했다. 그 말을 듣고 숙모도 우는 듯 웃으며 말했다. 그렇겠다, 어떡하니. 나는 앞으로도 오랫동안 육개장을 보고 싶지 않다. 먹고 싶지 않을 뿐 아니라, 보고 싶지도 않다.

뒷장에서는 환자들의 음식이 나온다. 성거운 환자식, 코로 삽입되는 영양식, 아픈 이들이 먹는 미음, 복부로 주입되는 영양식, 금식(禁食)과 사식(私食) 그리고 술과 담배.

누군가 부모님 또는 조부모님이 요양시설에 있다고 하면, 어떻게 식사를 하는지를 묻고 그걸로 환자의 상태를 짐작한다. 스스로 숟가락질이 가능한지 아니면 누가 먹여줘야 하는지, 입으로 음식을 먹는지 아니면 코로 영양을 주입하는지, 그도 아니면 식사를 못 해서 영양제를 주사로 맞는 단계인지 등. 식사란 매우 중요하다. 어쨌든 먹어야 살 수 있다. 그러므로 아픈 사람이 무엇을 어떻게 먹는지는 환자의 상태를 가늠하기에 적절한 방법이다. 그리고 그것을 보고, 노인의 살날도 가늠이 가능하다.

시어머니는 세상을 떠나기 2주일 전쯤부터 식사를 하지 않았다. 내가 먹여 드린 죽이 마지막이었다. 그리고 정확히 2주 후 세상을 떠났다. 고관절 골절로 화장실 출입이 불가능해진 어머니는 와병 환자가 된 며칠 후 식사를 중단했다. 이후 뉴케어라는 캔으로 된 영양식만 먹었다. 그 영양식이 칼로리도 높고 영양도 균형 있게 공급해 주니 당장은 괜찮다는 것을 알았지만, 그래도 식사를 안 하니 자식들은 전전긍긍 걱정했다. 요양병원에 도착했을 때 나는 의료진과 간병인에게 물었다.

"왜 식사를 안 하실까요?"

의료진도 간병인도 이유를 모르겠다고 했다. 어쨌든 억지로 먹일 수는 없으니 좀 더 지켜보자고 하면서. 나는 갑자기 매우 서러워졌고, 어머니에게 가서 물었다. "어머니, 왜 식사를 안 하세요." 어머니는 그저, "먹기 싫고 귀찮아서"라고 했다. 사실 어머니는 숟가락을 들기는커녕 눈 뜰 기력도 없어 보이는 상태였다.

나는 어머니가 자신의 인생에 시위를 하는 거라고 생각했다.

앉을 수도 일어날 수도 없이 침대에 갇혀 버린, 이렇게 되어 버린 자기 인생에 대한 시위. 그러나 곧 시위를 중단하고, 다시 식사를 하게 될 거라고도 생각했다. 그런데 어머니는 일주일 후부터는 아예 뉴케어도 끊고, 물만 마시기 시작했다. 물 외에 다른 액체는 절대 마시지 않았다.

의료진이 말하기를, 처음에는 본인의 의사로 안 먹은 것이었겠으나 지금은 먹을 수 없어서 안 먹는 걸 거라고 했다. 안 넘어가는 걸 거라고. 몸에서 안 받는 걸 거라고.

어머니가 세상을 떠나기 하루 전, 꿀물에 빨대를 꽂아서 어머니 입가에 가져갔다. 어머니는 입을 꾹 다물고 열지 않았다. 하지만 물병에 빨대를 꽂아 입가에 대면, 바로 꿀꺽꿀꺽 마셨다. 아주 목마른 사람처럼. 나는 그것이 어머니의 의지였던 것 같다. 의식이 오락가락하는 상태였지만 어머니는 끝내 본인의 선택으로 죽음에 이른 것이다. 가장 단순하지만 가장 어려운 방법, 곡기를 끊는 것으로. 음식이라는 것이, 먹는다는 것이, 그런 거였다.

「곡주」라는 에피소드에서 의사인 작가는 87세 할아버지의 심장 판막 수술을 한다. 씩씩한 할아버지는 수술을 잘 이겨 냈지만, 폐렴이 와서 인공호흡기를 달 정도로 고생한다. 하지만 씩씩하게 다시 건강을 회복했고, 어느 날 외래 진료에 와서 작가에게 묻는다.

"술 조금 마셔도 됩니까?"

답을 망설이는 작가에게 할아버지는 알아서 답한다. 작가의 망설임과 곤란함을 이해한 듯한 자문자답. 막걸리 두 잔은 괜찮다는 말인 것 같다고. 그리고 봄꽃처럼 웃으면서 걱정하지 말라고 덧붙인다. 이제 함께 마실 친구가 다 죽고 없어서 더 마시고 싶어도 못 마신다고. 두 잔만 먹겠다고.

이 글을 읽을 때는 얼마 전 폐암 수술을 받은 아빠가 떠올랐다. 아빠가 수술을 받은 지 벌써 7개월이 지났다. 초기여서 폐의 일부를 잘라내는 것으로 수술이 끝났고, 폐활량이 좋아서 예후도 좋았다. 정기 검진을 갔을 때 아빠는 벼르고 별렀던 그 질문을 했다. "술 마셔도 됩니까?"

우리는 그 질문을 아빠가 벼르고 있다는 것을 알고 있었고, 가끔 한 잔은 괜찮을 거라고, 의사가 아마 그렇게 말할 거라고 희망적인 이야기를 해 주었다. 담배도 아니고 술인데, 일주일에 한두 잔은 괜찮을 거야. 그런데 의사는 뜻밖의 대답을 했다.

"한 잔도 안 됩니다."

의사는 옛날에는 한두 잔은 괜찮다고도 했는데 얼마 전 연구 결과가 바뀌었다고 하면서, 술은 절대 안 된다고 못 박았다. 망연자실한 아빠는 허탈한 가운데 준비된 다음 질문을 했다.

"그럼 믹스 커피는 됩니까?"

다행히 의사가 믹스 커피는 된다고 했다. 진짜 다행이다. 그날 절반의 성공을 한 아빠는 미리 체념했던지 크게 낙담해 보이지는 않았지만, 예전의 기백은 많이 사라진 채 살고 있다.

술과 담배가 기호품인 세상을 산 세대는, 병에 걸린 후 그 기호품을 금지당하면 막막함에 어쩔 줄을 모른다. 아픈 와중에 서럽다. 인스턴트 식품과 건강하지 않은 음식을 일상으로 먹고 자란 세대는, 병에 걸리면 자책한다. 나의 잘못된 식습관이 나를 병에 걸리게 했다고. 뭘 먹고 살았는지가 내 수명과 건강을 결정할 줄 누가 알았을까. 하지만 다음 세대는 또 다를 것이다. 아마 무알코올 맥주에 열광하는 것도 우리 세대가 마지막일 것 같다. 알코올의 맛을 아는 사람이 무알코올을 찾지, 알코올도 접해 보지 않은 사람이 왜 무알코올을 찾을 것인가.

「좋지 않다, 정말」이라는 제목의 에피소드에는, 담배를 끊지 못하는 환자 이야기가 나온다. 폐와 식도에 병이 있는 환자는 의료진의 우려를 뒤로 한 채 담배를 계속 피운다. 1인실 방문을 잠그고 담배를 피우는 환자와 그 뒤를 쫓는 전공의. 약간 코믹해 보일 수도 있는 이 광경은 현실이다. 아파도 기호품만은 향유해야겠다는 환자와 기껏 기호품 때문에 목숨을 위태롭게 할 거냐며 이를 막는 의사. 작가 말대로 좋지 않다, 정말.

작가이자 의사의 마지막 글, 에필로그를 보면서 병원 서식자에 대해 생각했다. 작가는 본인을 '병원 서식자'라 말했다. 병원에서 자리를 잡고 사는 사람. 병원의 중심에서 먹고 사는 일을 관찰하고 쓴 『병원의 밥 : 미음의 마음』은 읽는 내내 마음이 따뜻하면서 아팠다. 나는 외국인 학생들에게 '입원하다'라는 단어를 설명할 때 이렇게 말한다.

"병원에서 먹고 자고 치료받아요. 먹고 자고 치료받고 먹고 자고 치료받고."

그렇게 말하면 모두 금세 이해한다. 병원에서 먹고 잔다. 즉, 작가의 어휘를 빌리자면 병원에서 서식한다.

환자는 병원에서 빨리 나오고 싶어서 먹고, 병원에서 일하는 사람들은 일상을 유지하기 위해 먹는다. 사람이 살려면 꼭 해야 하는 것, 먹고 자는 것. 반대로 죽으려면 안 해야 하는 것, 못 하면 죽는 것. 그게 바로 식사다.

유품정리

죽음 후의
날들

가키야 미우
『시어머니 유품정리』
문예춘추사

  책을 추천받는 것은 매우 기쁜 일이다. 추천해 준 사람이 나와 독서 취향이 비슷하다면 당연히 반갑고, 나와 독서 취향이 조금 다르더라도 그건 그것대로 또 반갑다. 얼핏 보기에 나와 안 맞을 것 같은 책이어도 읽다가 보면 어느 순간엔가 '아, 이거구나' 싶은 순간이 온다. '바로 이런 점 때문에 이 책을 나에게 추천했구나.' 깨닫는 순간이.

  가키야 미우 작가의 책 『시어머니 유품정리』. 두 명의 지인이 내 시어머니가 세상을 떠나기 얼마 전 나에게 이 책을 추천했다.

아마도 내게 고령의 시어머니가 있고, 어머니의 이야기로 책을 쓸 정도로 각별한 애정이 있어 보여서 추천한 듯하다. 그런데 유품정리라니, 그렇다면 어머니가 세상을 떠난 후의 일들 아닌가. 그것을 예비하자니 너무 성급한 것 같고, 돌아가신 다음에 뭘 잘해 보겠다고 미리 공부를 하는 것도 부질없는 일이라는 마음이 들었다. 그래서 책을 시작하기까지 시간이 걸렸다.

일본은 유품정리 서비스 비용이 엄청나다고 한다. 작은 집을 정리하는 데에도 돈 천만 원은 훌쩍 넘게 들어가는 수준. 게다가 매달 월세를 내는 상황이라면 하루빨리 짐을 정리할 수밖에 없을 것이다. 돌아가신 부모님이 얼마 전까지 살던 집이라면 선뜻 그 공간에 발을 들이기도 어려울 텐데, 사용하던 물건을 정리해야 한다니, 추억에 빠질 틈도 그리움에 빠질 틈도 없이 버리고 싸고 흔적을 없애야 한다니.

작가는 시어머니가 세상을 떠난 후, 월세 부담이 커서 하루빨리 유품을 정리하고 싶었다. 하지만 막상 집에 가서 보니 살림의 규모가 어마어마하고, 며느리로서 무엇을 버릴지 무엇을 남길지 결정하는 것도 매우 큰 일이고, 유품정리 서비스를 이용하자니 그 비용도 어마어마하다. 열면 열수록 답이 없는 문. 보면 볼수록 이런 물건이 왜 이렇게 많은가 싶게 켜켜이 적재된 각종 살림

살이들. 작가는 초반에 이 말을 반복한다.

"어머니, 적당히 좀 하세요."

50대 중반 며느리가 돌아가신 시어머니를 떠올리면서 반복하는 혼잣말이다. 열고 정리하고 결정하고 버리고. 그런 일들은 정말 피곤한 일이다. 몸을 쓰는 일이고, 결정을 해야 한다. 게다가 며느리여서, 중요한 결정엔 자신도 없고 자격도 없다.

작가는 주 1회씩 회사를 쉬고 시어머니의 집으로 가 끝나지 않는 물품 정리를 한다. 그러면서 그 말을 반복한다.

"어머니, 적당히 좀 하세요."

100페이지 넘게 읽을 때까지 이런 상황이 반복돼서, 초반부에 사실 별로 매력 없는 책이라 생각했다. 돌아가신 시어머니의 유품정리를 하면서 징글징글해하는 며느리 이야기라니. 게다가 작가는 지속적으로 고상하고 우아했던 친정어머니와 그에 반대되는 시어머니를 비교하는데, 그것도 조금 불편했다. 하지만 딱 그때부터 진짜 이야기가 시작된다. 뒷이야기가 궁금해지고, 뜬금없는 눈물이 나기도 한다.

어머니의 유품 중에는 살아있는 그리고 살진 토끼도 있었고, 어머니의 집에 남겨진 음식물과 무거운 돌을 치워주는 비밀 친구도 있었다. 유품정리를 하면서 작가는 제대로, 이제야 비로소, 어머니의 삶 속에 실제 했던 이야기들을 만난다.

그때쯤 작가의 친구는 그런 말을 한다. 부모란 돌아가신 후에야 비로소 어떤 사람이었는지 알게 되는 것 같다고. 우리는 자라면서 그리고 성인으로 살면서 부모가 자기를 잘 모른다고 씁쓸해한다. 하지만 자식 또한 부모를 모르기는 매한가지다. 어느 순간 부모가 낯설어지는 시점이 우리 모두에게 온다. 그리고 낯설어지는 지점에서 우리는 조금 늦게 서로가 궁금해진다.

작가는 어머니의 유품을 정리하는 과정에서 어머니의 (오지랖이 넓은 만큼이나) 다정했던 성품을 알게 되고, 마찬가지로 (어머니만큼이나) 다정한 이웃들의 도움을 받는다. 초반부터 작가는 반복해서 친정어머니와 시어머니의 반대되는 성정, 습관을 비교한다. 갑자기 돌아가시기는 했으나 손댈 수 없게 살림이 많은 시어머니의 집. 반대로 살아 계실 적에 하나씩 끝까지 본인 손으로 정리한 친정어머니의 집.

그런데 정갈한, 아무것도 남지 않은 친정어머니의 집에 있다가 작가는 생각한다. 내 어머니는 혹시 환상이 아니었을까. 아무런 흔적을 남기지 않은 어머니, 본인이 죽고 난 후의 일들을 고려해 정갈하게 싹 다 정리한 어머니, 어머니의 배려로 딸은 매우 몸이 편하지만 어머니의 어떤 것도 추억할 수 없다. 좋았던 것도 싫었던 것도 아무것도.

돌아가신 후의 날들. 유품이란 많아도, 적어도, 어쨌든 복잡한 이야기와 아쉬움들을 남기나 보다.

시어머니는 90세 나이에 요양병원에 입소했는데, 우리 가족은 시어머니가 요양병원에 들어간 직후 살던 집을 정리했다. 어머니께서 입소한 바로 다음 달이었다.

어머니는 의식이 명료했고 인지가 명확한 편이었다. 그저 나이에 맞게 기억력이 조금 쇠퇴한 정도. 하지만 이유를 알 수 없는 전신 통증과 지병이 하루가 갈수록 심해졌고, 본인을 포함한 그 누구도 회복되어 집으로 돌아올 미래를 생각하지 않았다. 그래서 우리는 어머니께 말씀드리고 집을 정리하게 됐다. 극도로 물자를 아끼시는 어머니는 살지 않는 집의 월세와 관리비를 내야 한다는 것을 매우 부담스러워하면서, 어서 빨리 집을 처분하라고 했다. 그리고 원하는 것이 단 한 가지 있었다.

"왜, 그 옷 있지? 그 옷 한 벌은 남겨 놨다가 나 죽으면 같이 태워라."

종교가 없는 어머니는 사는 동안 어르신들이 으레 믿는 미신도 별로 믿지 않는 편이었다. 이사 갈 때 손 없는 날을 고르라고 했던가, 방향을 보고 집을 정하라고 했던가, 그런 말을 한 두 번쯤 한 것이 전부였다. 그런 분이 수의에는 미리부터 집착해서 환갑이 넘자마자 수의 세트를 마련해서 가지고 있었는데, 이제야 어머니의 세계가 이해가 갔다. 내 어머니는 죽을 때 입고 갈 옷 한 벌, 거기에 의미를 두는 분이었구나.

먼저 시누이들이 집을 1차로 정리했다. 쓸 만한 가전제품은 필요한 사람이 나눠 갖고, 쓸 만하지는 않지만 꼭 남겨 놓고 싶은 물건은 원하는 사람이 가져갔다. 그리고 버릴 일만 남은 것들은 그냥 그 자리에 그대로 두었다. 가족의 지인 중 마침 버려진 집, 이제 사람이 살지 않을 집을 정리하는 사업을 하는 사람이 있었기에 모든 것이 수월했다. 그리고 사진이 왔다. 깔끔하게 정리된 거실과 방과 화장실 사진. 물론 평생을 비우고 버리고 안 사고 지낸 시어머니 집에는 살림이라 할 것이 거의 없었다. 정리하기 전과 정리한 후의 사진이 별반 다르지 않은 수준. 나는 이용료를 입금했다. 그렇게 쉽게 모든 것이 그냥 끝나 버렸다.

세상을 떠나기 전에 정리했으니 이것은 유품정리와는 의미가 조금 다를 것이다. 유품이란 돌아가신 분이 남기고 간 물건이므로. 하지만 장차 유품이 될 물건들을 미리 정리하면서 우리는 어머니의 평생을 자기만의 방식으로 미리 이해했다.

어쨌든 그 공간은 그렇게 사라졌고 어머니는 그 이후 한 번도 집에 가고 싶다는 말을 하지 않았다. 물론 통증 관리가 안 되고 종종 긴박한 상황이 되어서 병원 밖으로 나갈 엄두를 내지 못하던 시절이었다. 하지만 지나가는 소리로라도 '집'이라는 단어를 입에 올리지 않은 것은, 돌아갈 집이 없다는 것을 알았기 때문이 아닐까.

이 책을 읽으며 처음으로, 어머니의 집을 너무 빨리 정리해 버린 것 아닌가 생각했다. 우리가 너무 가혹했던 게 아닐까. 내 집이 없어진 것은 어떤 느낌일까. 무엇보다 내가 잠을 자던 베개, 내가 밥을 먹던 탁자, 내가 계절마다 찾아 신던 신발 그런 것들이 이제 없는 기분이란 어떨까. 집을 정리한 것은 몸이 나아 집으로 돌아올 수 있다는 희망을 갖지 못하게 하는 것을 넘어서, 또 다른 상실감을 주었을 것이다.

가끔 어머니 집이 생각난다. 그리고 현실감 없는 생각이 이따금 든다.

정말 지금 그 집에 다른 사람이 살고 있을까?

20년 가까이 드나든 집인데. 거기, 내가 들르면 안 되는 건가?

요양시설

돌보는 자와
돌봄 받는 자,
그들의 연대

무라세 다카오
『돌봄, 동기화, 자유』
다다서재

〈2024 서울국제도서전〉에 다녀왔다. 한 출판사 벽면에 이런 문구가 쓰여 있었다.

나의 삶을 돌본 것은 _____ 이다.

문구 아래에는 빈칸에 넣을 수 있게 다양한 단어 카드가 걸려 있었는데 '질문', '공간', '포옹', '균열', '사랑과 고통' 등이 쓰여 있었다. 요즈음 진정 돌봄이 화두다. 나를 돌보고, 너를 돌보고, 남을 돌본다. 나의 삶을 돌본 것은 무얼까.

『돌봄, 동기화, 자유』는 제목의 담백함 때문에 호기심이 생겨 읽게 된 책이다. 그런데 나는 우습게도 제목에 있는 '동기화'를 '동기 부여' 할 때의 그 '동기(動機)'라고 생각했다. '누군가를 돌보게 된 동기'쯤으로 생각했던 것 같다. 하지만 아니었다. 여기서 말하는 동기화란, 전자메일함과 클라우드를 동기화하는 그 '동기화(同期化)'였다. 이럴 때 새삼 깨닫는데, 내 머릿속 어휘 세계란 생각보다 더 좁을지도 모르겠다.

작가 무라세 다카오는 노인요양시설 〈요리아이의 숲〉 총괄 책임자다. 남성이고, 요양보호사다. 작가가 처음 요양보호사 일을 시작했던 20년 전, 젊은 남자 요양보호사에게 인지증(치매)이 온 노인들을 돌보는 것은 매우 고단한 일이었다. 그런데 작가는 차근차근 보호사들이 그들과 어떻게 동기화했는지, 동기화를 통해 그들에게 어떻게 자유를 줄 수 있었는지를 설명하며 노인 홈 '요리아이'의 돌봄에 대한 세계관을 말하고 요리아이가 만든 유니버스를 이야기한다.

1부 4장 5절 '교감하는 몸들'에서 작가는 요양보호사들과 노인들은 돌봄을 하며 10년 넘게 서로의 몸을 동기화했는데, 몸과 몸은 함께 있는 것만으로도 교감하기 시작했다고 말한다.

요양보호사의 노인 돌봄은 어린이집 선생님의 영유아 돌봄과는 본질적으로 다를 것이다. 하지만 의사소통이 원활하지 않은 상태에서의 돌봄이라는 것만은 공통되는데, 그렇다면 그들은 교감해야 한다. 교감이 되지 않고 의사소통도 되지 않는다면, 그것은 돌봄이 아닐 것이다. 대상자에 대한 관심이 없는 돌봄이란 있을 수 없으므로.

그런데 동시에 작가는 말한다. 간호, 요양보호, 돌봄, 뉘앙스는 다르지만, 모두 서로를 구속하는 행위라고.

서로를 구속한다고?

나는 그 단락을 몇 번이나 다시 읽었다. 돌봄 대상자는 구속을 받을 수 있겠으나 돌봄 행위자도 구속을 받는다니. 그런데 인간 대 인간으로서 관계하는데 타인을 구속하면서 본인은 자유롭다는 것도 말은 안 된다. 그래서 책 제목에서 동기화와 자유를 차례대로 같은 층위에 놓은 것일지도 모르겠다.

나는 한동안 기업의 고객만족실에서 일했는데, 많은 사람들의 짐작과 달리 고객의 불만을 듣는 것이 별로 힘들지 않았다. 나는 고객들과 관계하지 않았기 때문이다. 타인이므로 고객에게 사과하는 게 어렵지 않았다. 그들의 불평을 들어주는 것은 그저 나의 역할이었다. 회사는 나에게 임금을 주고, 나는 회사를 대신하여 화가 난 고객에게 사과를 했다. 또한 가족이 아니고 지인이 아니므로 한 번 보고 지나칠 타인이므로 괜찮았다. 하지만 누군가를 지속적으로 돌보는 일이라면, 그들이 불평하지 않고 나에게 화를 내지 않더라도 그건 분명 어려운 일이 될 것이다. 교감해야 하기 때문이다.

교감의 기본은 상대방을 오랫동안 지켜보고 이해하는 것이다. 그리고 익숙해지는 것. 더 솔직히 말하면 정이 드는 것이다.

작가는 요양보호사로 일하면서 돌봄 대상자와의 동기화가 얼마나 놀라운 결과를 가져오는지, 동기화 전과 동기화 후의 돌봄의 질이 얼마나 달라지는지를 반복해서 사례를 통해서 보여준다. 행위자와 대상자 간의 동기화는 서로가 불만족했던 구속에서 탈피하도록 해 주고, 서로에게 줄 수 있는 최선의 자유를 주게 만든다.

그리고 설령 시간과 공간을 가늠하지 못하고, 기억이 어렴풋해도 '그 사람다움'은 사라지지 않는다고 말한다. 인지증이 와서 더 이상 어제와 오늘을 구분하지 못해도, 자식의 얼굴을 알아보지 못해도, 많은 세월 많은 사람이 '너답다'라고 말해 주었던 그 무언가는 지속된다는 이야기다. 다만 작가의 말처럼 그러기 위해서는 시간이 필요하다. 그리고 노력이 필요하다. 돌봄 받는 자의 안전을 위해 돌봄에는 많은 제어가 필요한데, 안전하지 못한 것은 위험해질 수 있기 때문이다.

97세로 세상을 떠난 외할아버지는 중증치매를 앓았다. 치매는 마지막의 마지막까지 하염없이 진행되었고 나중에는 음식을 삼키는 방법도 옷을 입고 벗는 방법도 잊게 했다. 할아버지가 스스로 숟가락을 들어 밥을 먹을 적에, 숟가락이 음식을 담는 도구라는 것을 잊기 전에, 내가 누군지 물은 적이 있다. 내가 누군지 알겠느냐고, 당신 앞에 있는 내가 누구냐고. 할아버지는 천천히 눈을 끔벅거리며 이렇게 말했다.

"글씨, 누군지 모르겠다만 자꾸 와서 웃어 주고 묵을(먹을) 것을 주고 그라네."

외할아버지는 내게 보여줬던 평생의 모습 그대로, 느릿느릿 온화하게 농담하듯 말했다. 나는 너가 누군지 모르겠다만 어쨌든 너는 참 밝고 친절하다고. 소주를 병째 들고 꿀꺽꿀꺽 마시는 할아버지가, 화장실을 못 찾고 거실에서 바지를 내리려던 할아버지가, 그렇게나 다른 사람이 되어버린 할아버지가 매우 낯설고 무서웠지만, 나는 할아버지의 단 한마디 말에 내 할아버지가 맞구나 안도했다. 눈앞의 달라진 존재를 보면서 과거를 추억하자니 모든 걱정이 사라지고 홀홀 마음이 가벼워지는 듯도 했다.

치매가 와도 '그 사람다움'은 사라지지 않는다니 일견 희망적으로 들린다. 그게 보편적 사실이라면 우리는 치매를 그렇게까지 두려워하지는 않을 텐데. 아마 그것은 사실이기도 거짓이기도 바람이기도 할 것이다.

  요리아이의 보호사들은 그 사실을 발견하기 위해 보고 또 봤을 것이다. 100번의 마찰, 100번의 갈등 속에서 '그 사람다움'을 발견하는 것에 많은 정성을 쏟았을 것이다. 그리하여 마침내 그들은 발견해 내고야 만다. 많은 소란과 분주함을 겪어내고, 때론 위험도 감수하면서, 그렇게. 그들의 노고의 산물이다.

  책을 읽으면서 생경한 단어를 여럿 만났고 생경한 표현도 여럿 만났다. 예를 들면 일본에서는 '치매'라는 단어 대신 '인지증'이라는 단어를 사용한다. 치매(癡呆)라는 단어의 한자가 어리석고 어리석다는 뜻이므로 우리도 사용을 지양하는 것이 맞는데 어떤 단어가 대체에 적합한지는 아직 모르겠다. 그리고 '노혼'이라는 단어도 이 책에서 처음 봤다. 나는 노혼을 '노인' 또는 '노구' 등으로 이해해 '늙은 영혼' 정도로 이해했는데 읽다 보니 아니었다. 노혼은 노혼(老昏), 즉 '늙어서 정신이 흐림'을 뜻하는 단어였다. 혼미해진 이유가 늙어서라니, 그렇게 해석한다니 기쁘기도 슬프기도 하다.

  '돌봄의 묘미'라는 표현은 매우 마음에 들었다. 나는 '돌봄'이라는 단어와 '묘미'라는 단어가 이렇게 썩 잘 어울릴 줄 몰랐다. 물론 아이를 돌보는 일에서 '돌봄의 즐거움' 또는 '돌봄의 맛' 정도는 연상할 수 있겠지만, '돌봄의 묘미'란 딱 봐도 보는 사람의 관점에 기인한 단어다. 돌보는 자와 돌봄 받는 자가 동기화하면, 그 성과로 돌봄의 묘미를 얻는다.

물론 돌봄은 고단하다. 돌봄의 묘미가 있더라도, 그래서 돌봄 받는 자가 자유를 얻더라도, 노화한 몸의 노혼을 돌보는 것은 매우 힘든 일일 것이다. 그러므로 작가는 속마음도 종종 말한다. 어떤 생각이 들었는지 일일이 나열하기보다는 본인의 감정의 소용돌이에 관하여. 기쁘고 아프고 슬프고 긴장되고 피로하고.

나는 이 책이 매우 절절하게 읽혔다. 작가가 노년기의 사람을 돌보고 그들과 동기화하여 그들에게 자유를 주는 사이, 독자인 나는 돌보는 사람에게 동기화되었다고나 할까.

어린 가족과 나이 든 가족, 이쪽저쪽을 모두 돌보는 입장인 나는 늘 해피엔딩을 꿈꾼다. 돌보는 사람도 돌봄을 받는 사람도 모두가 행복한 결말을 맞을 수 있지 않을까. 그것이 유토피아적 사고가 아니었으면 좋겠다.

모든 돌봄

모든 돌봄은
다정하고 서늘해서

김유담
『돌보는 마음』
민음사

　『돌보는 마음』에는 세상의 모든 돌봄이 나온다. 돌보는 이들의 마음을 다루는 이 책은 소설집이다. 최근 돌봄을 주제로 한 에세이가 많아졌다. 내 첫 책 『연애』도 서로를 돌보는 이야기였다. 나이 어린 며느리는 늙은 어머니의 몸을 돌보고, 나이 많은 어머니는 젊은 며느리의 마음을 돌보고.

　책에는 무수히 많은 돌봄이 나온다. 아이를 돌보는 엄마의 마음, 할머니를 돌보는 손주의 마음, 손주를 돌보는 할머니의 마음, 큰엄마의 돌봄을 받은 조카의 마음, 노부모를 돌보는 늙은 자식의 마음 등등. 여기까지는 가족 돌봄에 대한 이야기.

책에는 다른 돌봄도 나온다. 가족이 아닌 남에게 돌봄을 맡기는 자들의 마음. 즉 돌봄 서비스에 얽힌 사건, 사고 그리고 돌보는 자들의 갈등까지도. 돌봄 세상에서 일어나는 일들은 모두 서늘했고 읽는 것이 힘들었다. 마치 내 이야기 같아서.

내 삶도 조금만 삐끗했다면 소설 속 장면이 되지 않았으리라는 보장이 없다. 나의 저글링은 성공한 것인가? 아니다. 나에게도 돌봄에 얽힌 많은 서사가 존재한다. 처음에는 내 삶과 돌봄 간의 저글링이었던 것이 이제 돌봄들 간의 저글링으로 바뀌고 있다. 균형, 밸런스, 저글링. 왜 이리도 돌볼 것투성이인지.

돌봄 세계에 대한 작가의 시선은 다각적이었고 정성스러웠다. 그래서 신선했고, 사실적이라는 말로는 부족했다. 작가가 쓴 이야기들은 모두 사실이었다.

첫 이야기 「대추」에는 아픈 할머니가 나오는데 할머니를 돌보는 것은 늙은 며느리다. 할머니는 늙은 며느리에게 당당하게 간병 받고 당연하게 대소변 처리를 맡긴다. 불편하고 익숙한 장면이다. 그리고 그런 어머니를 바라보는 아들이 있다. 할머니는 손주를 진심으로 귀애하고 손주도 그것을 잘 안다. 할머니는 대추를 정말 좋아하는데, 어느 날 지금은 남의 집이 된 옛집에 있는 대추나무의 대추가 너무 먹고 싶다고 말한다. 그 이야기를 듣고 손주는 남의 집 담을 넘어 대추를 딴다. 여기서 손주의 속마음은 우리의 짐작과 달랐다. 손주는 할머니가 대추를 먹고 빨리 병을 이겨 내기를 바라지 않았다. 그는 할머니가 마지막으로 대추를 맛있게 먹고 빨리 세상을 떠나기를 바랐다.

나는 이 장면에서 행간의 의미를 읽었다. 작가의 의도가 그랬는지는 모르겠지만 나는 읽었다. 그래서 손주의 마음을 듣고도 냉정하다 혹은 매정하다 그런 판단을 하지 않았다. 왜냐하면 저렇게 말은 하지만, 그 손주는 할머니가 죽으면 가장 크게 울 것이다. 지금은 자신의 엄마가 힘들어 보여서 할머니가 인제 그만 세상을 뜨기를 바라고 있고, 그것은 진심일 거다. 하지만 본인을 사랑해 준 할머니에게 정든 마음은 사라지지 않고 부지불식간에 불쑥불쑥 올라올 것이다. 나는 그것을 안다. 그래서 서늘한 이야기를 읽으면서도 괜찮았고 동시에 괜찮지 않았다.

돌보는 마음들은 충돌한다. 나는 아주 어릴 때부터 충돌하는 마음들을 봤다. 장남과 차남이 충돌하고 며느리와 딸이 충돌한다. 조카와 삼촌이 충돌하고 어머니와 며느리가 충돌한다. 그리고 부부가 충돌한다. 도대체 돌봄이 뭐길래, 가족이 뭐길래 이렇게 많은 마음들이 갈등할까. 가족 간에는 사랑이라는 것이 기저하므로 사랑에 기반한 갈등은 감내해야 하는 것일까?

나는 대가족에 존재하는 돌봄의 굴레를 매우 회의적으로 보면서 자랐다.

"숙모, 환갑인 우리 엄마가 손주 기저귀도 치우고 친정엄마 기저귀도 치워야 해요? 가족들이 참 너무하네요."

그때 내 엄마는 막 태어난 내 아이를 돌보고 있었다. 그 와중에 외할머니가 갑작스럽게 와병 환자가 되었다. 엄마에게는 여동생들도 있고 남동생들도 있는데 모두 4~50대였다. 우리 엄마보다 다들 젊었다는 이야기다. 그런데 아무도 외할머니를 보겠다고 나서지 않아서 결국 우리 집으로 모셨다. 내 엄마는 외할머니 기저귀도 갈고 내 아들 기저귀도 갈게 되었다. 나는 너무 화가 나서 외숙모에게 전화해서 그렇게 말했다. 왜 다들 매번 장녀에게만 책임을 모느냐고. 번갈아 가면서 하는 거라면 순서라도 좀 뒤로 해 달라고. 당시 나는 꽤 치기 어렸다. 되바라졌던 것도 같다. 뭔가 의협심에 불타서 항상 장녀의 희생을 바라는 형제들로부터 내 엄마를 지켜내야 한다고도 생각했다. 내 인생에 엄마를 가장 아꼈던 시절이었다.

나중에 나는 그것을 그대로 되받았다. 결혼해서 나이 많은 시어머니의 막내며느리가 된 후, 장조카에게 비슷한 서운한 말을 들었던 것이다. 이런 기분이었겠구나, 그때 내 외숙모는 퍽 억울하고 착잡했겠구나 싶었다. 그리고 그때 숙모가 나에게 그랬던 것처럼 나도 조카에게 아무런 말도 하지 못했다. 언젠가 한 번 외숙모의 얼굴을 보고 사과하고 싶은 마음도 들었으나, 마음뿐이었다. 내가 치기 어렸음을 깨달았을 때에는 세월이 너무 많이 흐른 뒤였다. 나는 반복되는 일련의 일들을 보면서 깨달았다. 이렇게 치기 어린 시절을 지나서 우리 모두 윗사람이 되고 나이가 들어가는구나. 이것이 가족의 생리구나.

내가 본 돌봄은 그랬다. 가족 간에 얽히고설켜서 돌봄을 주고받았다. 충돌하고 갈등하고 화해하고 고마워하고. 가족 안에서 누군가에게는 주고 다른 누군가에게서는 받았다. 그런데 돌봄이라는 것은 받을 때는 그저 행복한데, 줘야 할 때는 본전이 생각났다. 특히 그것은 위에서 아래로 향할 때만 행복했다. 아래에서 위로 가는 일은 썩 흔쾌하지 않았다. 그것은 꽤 성가시고 힘들었다. 어쩔 수 없이 그랬다.

요양병원 이야기가 나오는 두 개의 단편 중 하나인 「입원」. 이 소설에는 줄곧 '그곳'이 등장한다. 여기서 말하는 '그곳'은 요양병원이다. 책에서는 '그곳'을 굵은 글씨로 인쇄했는데, 반복해서 읽는 동안 독자는 '그곳'을 눈에도 마음에도 새기게 된다.

요양병원을 '그곳'이라고 칭하는 것을 보면서, 나는 조앤 롤링의 소설 『해리포터』가 생각났다. 해리포터 속 등장인물들은 절대 악인 볼드모트의 이름을 입에 담지 않는다. 그러기로 암묵적으로 동의한다. 그래서 '이름을 말할 수 없는 그 사람'이라고 한다. 너무나 무시무시해서 입에 담는 것조차 피하는 것이다. 요양병원이 그런 존재인가. 맥락 없이 연상된 그 연결 고리가 머릿속에서 떠나지를 않는다.

어느 날 아침, 가족들이 모두 모인다. 치매가 심해진 아버지를 요양병원으로 보내는 날이다. 그래서 다 같이 모여서 마지막으로 아침 식사를 함께하던 참이다. 가족들은 마음이 착잡하다. 젊어서 바람을 피워 어머니를 속상하게 했던 아버지. 그래도 어머니는 노년은 함께 보내면서 복수도 하고 소리도 지르고 그러면서 살려고 했는데, 아버지의 치매는 어머니가 감당할 수 있는 수준을 넘어섰다. 자식들은 눈물 바람을 하면서 서로를 원망하고 죄책감을 쏟아낸다. 그리고 한쪽에는 "식구들 오랜만에 다 모이가꼬, 오늘 기분이 억수로 좋다."라고 말하는 아버지가 있다.

시어머니를 뵈러 '그곳'에 다녀왔을 때 일이다. 원래 겹치게 면회 일정을 잡지 않는데, 어쩌다 보니 많은 자식들이 함께 방문하게 됐다. 어머니는 많은 자식을 한 번에 볼 수 있는 것에 매우 흥분하셔서, 누굴 먼저 찾아야 하나 누구의 이름을 먼저 불러줘야 하나 우왕좌왕하셨다. 아마도 소설 속 할아버지처럼 '억수로' 기분이 좋았나 보다. 마치 명절에 가족들이 많이 모이면 흥분해 뛰어다니는 서너 살 꼬마 조카를 보는 기분이었다.

어머니의 기쁨과 흥분을 잘 안다. 하지만 나는 요양병원에 버선발로 뛰어가는 건 아니다. 퇴근하기가 무섭게 전철역으로 달려가고 또 택시로 갈아타고, 나는 아이를 키우면서 어마어마한 돈을 길에 뿌리면서 살았다. 내 아이를 1분이라도 빨리 볼 수 있다면, 택시비쯤이야 거리낄 것이 없었다. 하지만 어머니를 만나러 가는 길은 절대 버선발은 아니었다.

또 하나의 소설 「특별재난지역」에서는 이런 내 마음이 고스란히 재생된다. 코로나 와중에 노부와 손주를 둘 다 떠안은 주인공 일남은 당연히 할머니다. 가족을 먹이고 치우는 일이 점점 버거워 힘겨워하는 주인공은 노부를 요양병원에 보내 놓고 괴로워한다. 하지만 어쩔 수 없다. 나이 든 아버지보다는 내 자식이 귀하고 내 손주가 귀하다.

워킹맘으로 살면서 아이를 돌보는 게 무척 힘들었다. 가끔 사람들이 하는 말을 들었다. 제 새끼 자기가 키우는데 뭐가 그리 힘드냐고, 낳았으면 정성을 다해서 키워야지 무슨 소리냐고. 맞는 말이다. 대상포진에 걸린 내가, 코로나에 걸린 내가, 조금이라도 괜찮아지면 일어나서 밥을 하는 건, 걸어 다니는 것만 봐도 미소가 저절로 나오는 내 자식을 먹이기 위해서였다. 그래도 그게 내 새끼건 내 가족이건, 먹이고 치우는 일은 정말 힘든 일이다. 사랑해도 힘든 게 돌봄이다.

끊임없이 이어지는 돌봄. 돌보는 와중에 돌보는 마음이 불편해지는 이유 중 최고는, 돌보는 마음에도 우선순위가 있다는 사실 때문이다. 그리고 나의 우선순위가 틀리지 않았을까, 자책하는 마음. 내가 나쁘지 않을까, 마음들이 싸우다가 '내가 맞는다'라는 마음이 이기더라도, 자책했던 사실이 지워지지는 않는다.

그런데 두 번째면 어떤가. 선착순으로 사은품을 받을 것도 아니고, 제 자식 다음이 부모면 어떤가. 가족 안에서 윗자리로 윗자리로 올라오다 보니 어렴풋이 알겠다. 돌봄의 우선순위 어쩌고 하면서 마음 불편해하는 것은 다만 아랫사람의 마음이다.

윗자리에 앉으면, 그런 마음은 옅어진다. 두 번째여도 세 번째여도 사랑은 사랑이고 그리움은 그리움이다. 그 반대의 마음, 미움과 원망이 아니지 않은가. 나이 들면서 점점 더 품이 넓어지고 있고 앞으로는 더 넓어질 것 같다. 자신한다. 이것은 나이듦의 축복 중 하나이다.

종교

죽음과
종교

김훈
『저만치 혼자서』
문학동네

 이 책을 읽을 당시 시어머니는 급격히 건강이 나빠지고 있었다. 어머니가 영양 캔조차 마시지 못하고 물만 마신다는 소식을 들었을 때에는, 어쩌면 어머니가 돌아가실 수도 있겠다 싶었다.
 '정말 돌아가시는 거 아닐까?' 하는 생각과 상복을 입은 내 모습이 잠깐 스치듯 머릿속에서 지나갔고, 그리고 나는 일주일 뒤 진짜로 상복을 입었다.

 김훈의 단편소설 『저만치 혼자서』는 늙은 수녀들이 모이는

'도라지수녀원' 이야기다. 늙은 수녀들은 거기서 생의 마지막을 보내고 바로 옆 묘지에 묻힌다. 거기는 호스피스 수녀원이다. 도라지수녀원의 시작은 마가레트 수녀였다. 성녀 마가레트는 전쟁 중에 죽어가는 이들의 마지막을 살폈다. 더럽고 아픈 이들을 깨끗하게 씻기고, 임종을 지키고, 기도했다. 자신이 망자보다 나중에 가니 망자가 하늘로 가는 길을 배웅한다고 말했지만, 죽음은 배웅이 어렵다는 것을 알고 있었다. 그러니 기도했다.

시어머니가 급격히 상태가 안 좋아지면서 임종기로 들어서는 동안, 이 책의 같은 부분을 반복해서 읽었다. 바로 "주여, 저를 이 사람보다 나중에 거두어들이시니 제가 이 사람을 배웅합니다."라는 부분이었다.

가톨릭 신자인 나는 주기적으로 냉담을 반복하면서도 부끄러움 없이 이 부분을 덥석 받아 가졌다. 그저 배웅하는 마음이었으면 했다. 나도 갈 그곳으로 먼저 가는 어머니를.

도라지수녀원에서 생의 마지막을 보낸 몇몇 수녀들 중, 나는 특히 김루시아 수녀와 손안나 수녀가 마음에 걸렸다. 두 수녀는 도라지수녀원에서 최고 연장자였는데, 두 수녀가 기거하는 방에는 거울이 없었다. 그녀들은 거울 대신 서로를 보면서 자신의 늙은 정도를 알았고, 서로를 보면서 자신이 살날이 얼마 남지 않았음을 알았다.

그들이 겪는 아픔에 대해 작가는 "병이라기보다는 시간이었다."라고 말했는데, 내가 본 요양병원에서의 어머니의 날들 또한 병이라기보다는 시간이었다. 아프고 아프고 또 아프고, 외롭고 외롭고 또 외롭고. 그 시간 속에서 만약 어머니에게 종교가 있었다면, 수녀들이 그러했던 것처럼 찾고 또 찾을 하느님이 계셨을 텐데. 그랬다면 좀 더 나았을까. 그랬다면 "먹고 죽게 약 좀 줘요."라고 의사에게 매달리지 않고 "얼른 저 좀 데려가 주세요."라고 하느님께 기도했을까. 양쪽 모두, 어머니의 소원을 들어주지는 못했을 텐데.

수녀들의 삶은 그 자체가 기도다. 호스피스 병원에 들어선 늙은 수녀들은 먼저 간 수녀들의 장례미사에 참석하는데, 걸을 수 있는 한 끝까지 참석한다. 걸을 수 있으나 정자세로 앉지 못하는 수녀들은 벽이나 바닥에 기대어 앉아 기도한다. 기도가 삶이고 죽음이며, 기도와 함께 삶에서 죽음으로 시프트한다. 과정은 고요하고 진중하고 감히 말하자면 지난하다. 아스라이 번지는 도라지꽃의 색처럼 삶은 죽음으로 번지듯 간다. 죽음을 마주하는 모두의 그러한 생각들이 호스피스 수녀원을 도라지수녀원으로 부르게 했다.

시어머니는 종교가 없다. 말년에 교회에 다녔는데 그래서 어머니의 종교가 기독교라고 말할 수 있을지는 모르겠다. 어쨌든 가족이 다 함께 갖는 종교가 없으므로 어머니의 장례는 전통 방식으로 치러졌다.

장례지도사의 주관하에 사흘 동안 일반적인 방식으로 제사를 올리고 조문객을 받았다. 사이사이 자식들의 지인들이 방문했는데, 기독교인 자식의 교회 성도들이 목사와 함께 방문해 단체 기도를 하기도 했다. 제사를 올리고 가족들이 다 같이 절을 하고, 조금 후에는 목사와 교인들이 모여 찬송가를 부르고, 다음 날 아침에는 다시 제사를 올리고. 혼란스러웠으나 어쨌든 빈소는 쓸쓸할 틈 없이 사람이 늘 차 있었으니 그걸로 위안 삼았다.

여러 가지 방식의 믿음을 보면서 나는 이게 다 무슨 소용인가 싶고, 이제 우리는 어머니의 사후 안위를 염원하는 것밖에는 할 수 있는 일이 없으니 뭐라도 하면 좋은 것 아닌가 싶고, 그러는 와중 어쨌든 시간이 흐르니 참 다행이다 싶었다.

김훈 작가의 책 『저만치 혼자서』는 소설집이다. 7편의 단편소설이 실려 있는데 마지막 단편의 제목이 바로 「저만치 혼자서」다. 혼자. 삶으로 올 때 우리에게는 환대해 주는 사람들이 있었다. 우리의 탄생을 환대하는 여러 사람들. 그리고 우리는 부모의 몸을 통해 세상으로 나오므로, 다른 누군가의 기대와 기다림으로 세상에 나온 것이다. 하지만 죽음은 정말 혼자다. 그것도 저만치 떨어져서 혼자.

김훈 작가가 쓴 마지막 에필로그의 제목은 '군말'이었다. 군말의 시작에서 작가는 "나는 한 사람의 이웃으로 이 글을 썼다."라고 말했다. 옆에 있는 누군가의 이웃으로, 이웃들을 바라보면서 쓴 글이다. 이웃의 이야기는 다감하되 현실적이다. 애정을 갖고 바라보지만 그것은 관찰 대상자에게 그 어떤 영향도 주지 못한다. 무력하다. 임종기에 접어든 부모를 바라보는 것은 서로의 외로움을 직면하는 일이다. 가는 사람은 혼자 가니 외롭고, 보는 사람은 외로운 사람을 외롭게 내버려두려니 외롭다. 그리고 나중에 나도 내 부모처럼 혼자서 가야 한다는 사실을 깨달아서 더 외롭다. 그 길에 종교가 있다면, 신에 대한 믿음이 있다면. 그것이 있고 없고는 하늘과 땅 차이다. 종교는 분명 죽음으로 가는 길에 동행 가능한 단 하나의 가능성이다.

신형철 작가는 본인의 시화(詩話) 『인생의 역사』에서 "내가 생각하는 무신론자는 신이 없다는 증거를 쥐고 기뻐하는 사람이 아니라 오히려 염려하는 사람이다. 신이 없기 때문에 그 대신 한 인간이 다른 한 인간의 곁에 있을 수밖에 없다."(97쪽)고 말했다. 신 작가는 신이 없다는 사실이 밝혀졌을 때 인간들이 겪게 될 절망을 염려한다. 그리고 그가 생각하는 무신론자란 "거 봐, 신은 없지?"라고 말하면서 승리감에 도취한 이들이 아니라, 신이 없으니 신의 자리를 인간들이 서로서로 대체해야 한다고 말하는 이들이다.

시어머니의 죽음을 겪으면서 나는 절망했다. 삶의 완성이 죽음 같았기 때문이다. 90년 넘게 달려온 어머니의 삶, 그 삶의 끝이 죽음이라니. 육체가 한 줌 재가 되는 과정을 지켜보면서 더욱 그러한 생각이 들었고 다시 못 만날 배웅을 하는 것이 참 힘들었다. 하나 희망이 있다면, 장례를 치르는 과정에서 자식들은 똘똘 뭉쳤다는 것이다.

어느새 장정이 된 조카들은 본인들 몫을 톡톡히 해냈고, 함께 늙어 가는 형제들은 서로의 존재만으로도 애틋했다. 입관식을 보면서, 함께 울면서, 서로가 서로를 다독였다. 어머니의 마지막 가는 길에 자식들이 서로서로 보듬어 주는 것을 어머니가 어디선가 보았다면 정말 좋았겠다 싶었다.

신형철 『인생의 역사』 난다

"나 죽어도 두 형제, 두 내외간끼리 싸우지 말고, 잘 지내. 알았지?"

어머니가 십 년 넘게 우리를 붙잡고 틈만 나면 하던 이야기다. 부모가 죽고 나면 돈 때문에 형제들끼리 다투다 절연하는 것을 여럿 보았다면서, 늬들은 그러지 말고 잘 지내고 잘 살라고 십 년 넘게 반복했다. 부모가 떠난 후에 자식들은 쉽게 남이 된다. 갈등이 심하고 성정이 달라도 부모가 살아 있는 동안은 꾸역꾸역 보기 싫어도 만나지만, 부모가 없다는 것을 깨닫는 순간 다 소용없어진다. 하지만 부모가 살아서 반복해서 말했던 어떤 것이 있다면, 그 말이 귓가에 맴돌아 지키지 않기가 어렵다. 수백 번 수천 번 들은 그 무엇을 외면하기란 쉽지 않다.

나도 그렇다. 혹시 어머니가 보고 있을 수도 있으니, 정말 잘 지킬 것이고 잘 해낼 자신이 있다. 그리고 저만치 어디선가 떨어져서 어머니가 날 보고 있을 거라고, 우리 가족을 보고 있을 거라고 믿는다.

호스피스

말기 돌봄을
상상해야 한다

송병기, 김호성
『**나는 평온하게 죽고 싶습니다**』
프시케의숲

    친구의 아버지는 폐암 말기로 투병 중이었다. 글을 쓰는 지금은 돌아가셨다. 폐암 4기 진단을 받을 때 의사가 말한 기대 여명은 3개월이었다. 나는 친구에게 10월에 아버지의 진단 소식을 듣고, 12월에 부고를 들었다.

    친구는 마지막을 편히 보내드리기 위해 아버지를 병원에서 집으로 모셨다.

"가정 호스피스 중이서. 집에 오니까 편안해하시네."

말기암 환자의 경우 병원 내 호스피스 병동을 이용할 수 있는데, 2주가 최대 허용 기간이라고 한다. 2주가 넘으면 요양병원이든 집이든 어디로든 이동해야 한다. 2주가 넘으면, 2주를 넘기면…. 마지막을 준비하러 들어가는 곳인데, 기간의 제한이 있다니. 무슨 뜻인지 어렴풋하게 해석이 되지만 굳이 활자화하고 싶지 않다.

『나는 평온하게 죽고 싶습니다』 책 제목 아래에는 이런 설명이 쓰여 있다.

호스피스 의사와 의료인류학자의 말기 돌봄과 죽음의 현실에 관한 깊은 대화.

항암과 방사선 치료 등 정보 검색에 여념이 없는 친구에게 이 책을 선물하고 싶었다. 말기암이라니, 절망하는 와중에 경황도 없는 친구와 통화를 할 때에 호스피스 병동에 관한 이야기도 나왔기 때문이다. 그때 나는 이 책을 언젠가 선물해야겠다고 생각했다. 아직은 아닌데 내가 너무 경솔하게 호스피스를 들먹이는 게 될 수도 있으니까 조금 더 시간이 흐른 후 줘야겠다고 생각했다. 그런데 책을 다 읽기도 전에 아버지는 세상을 떠났다. 그것은 딱 의사가 처음에 말한 기대 여명만큼이었다.

『나는 평온하게 죽고 싶습니다』의 저자 송병기는 의료인류학자이고 다른 저자 김호성은 호스피스 의사다. 두 전문가가 쓴 책은 둘 간의 대화 형식으로 진행되는데 전문가인 만큼 사용하는 용어가 매우 정갈하고 정치하다. 깔끔하고 세밀한 표현은 죽음과 말기 돌봄에 대해 숙고할 기회를 주고 죽음을 존엄하게 한다. 똑같은 말이어도 죽음에 대해 신랄하고 가치 없는 표현은 듣고 싶지 않다. 안 그래도 매몰차게 흘러가는 노년, 그에 대한 담론을 매정한 말로 읽고 싶지는 않다.

머리말에서 저자 송병기는 '깔끔하게 죽고 싶다는 바람'에 대해서 말한다. 앞서 읽은 다드래기 작가의 책 『안녕, 커뮤니티』도 깔끔한 마지막을 위해 만들어진 커뮤니티였는데, 또다시 깔끔함이다. 노년의 마지막 로망은 깔끔한 죽음인가 보다.

책은 다음의 순서로 진행된다. 먼저 '공간'과 '음식', 다음은 '말기 진단'과 '증상', 마지막은 '돌봄'과 '애도'다. 환자의 죽음이 현실화하는 공간인 호스피스를 시작으로 남겨진 자들의 애도까지. 책은 죽음의 서사를 말한다. 이 책은 인간의 죽음의 서사를 고민한 매우 사려 깊은 책이다.

먼저 공간을 말한다. 호스피스는 죽음을 위한, 죽음이 목적인 공간이다. 거기에는 의사, 간호사, 사회복지사, 종교인, 보조활동 인력 등 전문가로 구성된 다학제팀이 함께한다. 저자 김호성이 재직하는 〈동백 성루카병원〉은 말기암 환자들 사이에서 매우 유명한 호스피스 전문 병원이다. 거기에서 다학제팀 팀원들은 말기 돌봄에서 환자가 삶의 서사를 구성하도록 돕는 것에 큰 가치를 둔다고 한다. 처음 접해 보는 진취적 말기 돌봄이다.

누군가 호스피스를 말하면, 더 이상 치료가 불가능한 상태의 환자가 죽기 직전 들어가는 곳, 내지는 다양한 진통제로 통증 하나만은 제대로 다스려 주는 곳으로 생각한다. 그런데 책을 읽어 보니 호스피스는 치료와 돌봄이 공존하는 공간이었다. 죽음으로 가는 중인 환자가 환자 고유의 서사를 갖도록 도와주는 곳. 전망 좋은 방, 들러서 커피 한잔하고 싶은 카페, 가족들과 편안하게 산책할 수 있는 녹지 공간. 세심한 배려들이 공간에 녹아 있었다. 그렇게 일상이 존재하는 공간들은 사용자들에게 죽음은 별스러운 것이 아니라고 말하는 느낌이 들었다. 죽음도 삶의 일부이므로, 다 지나가고 다 겪는 그런 것 아니겠느냐고.

다음은 음식이다. 저자 송병기는 영양의 차원을 떠나 입맛의 차원에서의 음식에 대해 말한다. 요양병원에 거주하다가 한 달에 한 번 외래 진료를 나왔던 시어머니는 병원 앞 중국집에서 짜장면 한 그릇을 아주 싹싹 달게 비웠다. 그럴 때면 밀가루 음식은 소화도 잘 안 되는데 저걸 다 드시나 걱정스럽다가도 한 달 내내 먹는 병원 밥이 얼마나 심심했을까 싶으면서 금세 측은해졌다. 더군다나 당뇨 환자인 어머니에게 병원 영양사는 덜 달고 덜 짠 음식만을 줄곧 제공했을 것이다. 외부 간식도 반입 금지되어 우리는 어머니 면회 갈 때 카스텔라 빵 하나 사 들고 가지 못한 지 오래였다. 그런데 가끔 생각한다. 2주에 한 번 3주에 한 번 정도 곶감 하나 도넛 하나 먹는 게 진짜 안 되는 일이었을까.

저자 김호성은 감각의 결핍에 대해 말한다. 입의 즐거움을 채우지 못해 생기는 결핍감.

위암 말기 투병과정을 다룬 그림 에세이 『사기병』(웅진지식하우스)으로 유명한 윤지회 작가는 2020년 작고했는데 마지막에 호스피스에서 머물다 떠났다. 소화기계통 암이어서 그랬는지 아니면 말기암이어서 그랬는지 모르겠지만 마지막에는 거의 음식을 먹지 못했다. 작가가 떠나고 나서 작가의 엄마는 딸을 만나러 가는 길에 치킨을 사서 간다. 살아 있을 때 딸이 그렇게나 먹고 싶어 했던 음식, 치킨. 다른 방식으로 영양을 공급받아 배고프지 않고 먹지 않아도 된다고 하더라도 입으로 먹는 즐거움을 잃은 결핍감이 어떠했겠느냐면서 딸의 산소 앞에 올려놓은 치킨 한 마리. 지금도 그 사진이 떠오른다. 엄마의 절절한 마음과 먹지 못해 괴로웠던 작가의 마음이 그 사진 속에 함께 담겨 있었다. 세상에서 가장 슬픈 치킨 사진이었다.

죽음을 향해 가고 있는 환자들에게 입맛을 고려한 환자식을 제공한다니. 제공에 성공하지 못하더라도 죽어가는 나의 입맛을 누군가가 고려해 준다면 정녕 돌봄 받는 기분이 들 것이다. 기능으로서의 돌봄이 아니라 아픈 나를 누군가가 보살펴 주는 느낌.

그리고 통증이다. 책에는 줄곧 '암성 환자', '비암성 환자'라는 용어가 나온다. 현재 한국에서 운영 중인 호스피스 병원은 말기암 환자에 국한되어 입원이 가능하다고 한다. 즉, 고통이 매우 심하고 여명이 매우 짧은 환자여야 한다.

책의 분류에 의하면 비암성 환자인 시어머니는 생의 마지막을 1년 넘게 요양병원에서 보냈다. 입소 당시 어머니의 진단명은 '전신 통증'이었다. 들어본 적 없는 병명이지만 노인들에게는 자주 발생하는 일인 듯했다. 입원 직후 의료진은 먹는 약, 맞는 주사, 붙이는 패치까지 세 가지 방법으로 어머니의 통증을 경감시키기 시작했다. 진통제의 양은 때에 따라 가감되고 조절되었지만 어쨌든 어머니는 아프지 않아 살 만하다고 했고, 아프지 않으니 정상 대화가 가능했다. 무서운 속도로 성정이 변하던 어머니는 드라마틱한 속도로 예전의 어머니로 회복되어 갔다.

입소 전의 어머니는 전신 통증으로 잠을 못 이룰 정도였고 수시로 구급차를 타야 하는 수준이었지만 호스피스 의료 대상은 아니었다. 일단 비암성 환자이고 여명을 가늠할 수 없어서였다.

하지만 나는 가능하다면 언제라도 다학제팀이 삶의 마지막 서사를 함께해 주는 호스피스 병원에 어머니를 모시고 싶었다. 통증을 경감시켜 주고 환자의 마지막을 환대해 주고 입맛을 고려해 주는 공간이라면 92세인 내 어머니의 마지막에 좋은 선택이 될 것이라고도 생각했다.

나는 다학제팀과 많은 이야기를 나누고 싶었다. 그리고 다학제팀과 어머니와 셋이서도 많은 이야기를 나누고 싶었다. 다만 그 이름이 호스피스라는 것만이 마음에 걸렸다. 그리고 그 이름이 호스피스여서 내 어머니는 들어갈 자격이 되지 않는 공간이기도 했다. 이런 생각을 한참 하고 있을 때 읽은 것이, 한국 호스피스의 평균 재원 기간이었다. 3주라고 했다. 중위수는 그보다 짧은 2주. 말기 돌봄과 죽음은 현실이었다. 나의 낭만과 꿈은 신속히 깨져 버렸다. 하지만 그러므로 더욱, 말기 돌봄을 수행하는 호스피스의 역할이 매우 고귀하게 느껴졌다.

저자 김호성의 많은 말 중 기억에 가장 남은 것은 "죽음은 결과가 아니라 과정"이라는 선언 같은 말이었다.

죽음은 당사자만의 서사가 아니라 죽는 사람 주변의 모든 사람의 서사이기도 하다. 두 저자가 책의 마지막 챕터에서 애도를 말하는 것은 매우 자연스럽고 당연한 일이다. 죽음이 결과가 아니라 과정이듯이 애도 또한 그렇다. 슬픔과 그리움은 시작도 끝도 없는 지난한 과정이다.

2024년 어느 여름날. 눈을 뜨고 보니 1년도 안 되는 기간 사이에 우리 집에 두 명의 암 환자가 생겼다. 두 명의 암 경험자라고 해야 하나. 암은 암에 걸린 당사자뿐 아니라 가족들의 삶에도 생채기를 남긴다. 나는 내 삶에서 죽음을 피하고 싶고 암을 피하고 싶은 것처럼, 가족의 죽음과 가족의 암 발병도 꼭 피하고 싶어졌다. 나는 돌보는 자의 마음을 아주 조금 알게 되었다.

죽음이 사건 사고가 아니고 한 사람의 인생 서사로 다뤄진다면, 가족 돌봄과 애도도 가족 구성원의 인생 서사가 될 수 있을 것이다. 곧 머지않아 남겨진 자가 될 나는, 또 머지않아 나의 누구를 남겨 놓고 떠나는 자가 될 것이다. 나는 내 가족이 평온하게 죽기를 바라고 나도 평온하게 죽기를 원한다. 삶과 죽음은 연결된 하나의 계통이며 죽음조차 삶의 일부이다. 그러므로 죽음은, 별스러운 것이 아니다. 거기서부터 시작해 보자.

임종

죽음을
읽습니다

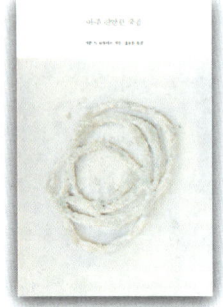

시몬 드 보부아르
『아주 편안한 죽음』
을유문화사

　어머니가 화장실에 가다가 넘어지면서 코너에 둔 소화기에 부딪쳤고 귀가 찢어졌다. 찢어진 귀는 꿰매면 되는데 대퇴부가 골절된 것이 문제였다. 수술이 불가한 어머니는 그저 누워 있는 것밖에는 할 수 있는 일이 없었다. 순식간에 와병 환자가 되어버렸다. 요양병원에 입소했어도 어머니는 스스로 먹고 스스로 걸어서 화장실에 간다는 것이 매우 큰 자부심이었다. 그런데 그게 사라졌다. 걸어다니는 환자와 누워만 있는 환자는 매우 다르다. 이제 어머니는, 이제 우리는, 어떡해야 하나. 두려움, 무력감과 미안함이 함께 닥쳤다.

  노년에 대한 많은 책을 읽었다. 하지만 이런 일이 있을 때마다, 어머니가 한층 죽음에 가까워질 때마다 나는 내가 죽음에 대해서 잘 모른다는 것을 깨달았다. 언젠가 만났던 선배가 "어머니께서는 지금 죽어가고 계세요."라는 표현을 썼다. 아주 많이 늙고 병들어 아무래도 곧 생을 마감할 것 같은 상태. 선배의 어머니는 아마 그 단계였을 것이다.

  어떤 상황이었기에 그렇게 말했을까. 잘 알 것 같으면서도 구체적으로 어떤 상황이었을지는 잘 상상이 안 된다. 나는 아직도 잘 모른다. 나는 전혀 모른다.

  『아주 편안한 죽음』 속 어머니도 시작은 대퇴부 골절이었다. 나는 어머니의 낙상 소식을 들었을 때, 이 책이 떠올라 더 망연자실했던 것 같다. 작가의 어머니는 어느 날 대퇴부 골절로 입원을 한다. 그리고 치료받는 과정에서 다른 곳의 암이 발견되고, 그 암을 치료하던 중 죽음에 이른다.

  책을 읽는 동안 나는 줄곧 죽음을 읽었다. 책 제목이 『아주 편안한 죽음』이므로 나는 곧 작가의 어머니가 죽음에 이를 것을 알고 있었고, 그래서 애도하는 마음으로 읽었다. 작가와 함께 애도했고 작가와 함께 연대했다. 부모를 먼저 보내는 자식으로서,

결국은 죽어야 하는 인간으로서, 그리고 여성으로서.

책은 딜런 토마스의 시로 시작된다.

순순히 작별을 고하지 마시게. 하루의 끝자락에서 노년은 격렬하게 타올라야 하느니. 격노하라, 빛의 소멸에 맞서 격노하라.

죽음에 대해 '격노하라'라니. 죽음 앞에서 늘 다치기만 하던 내 자존심이 반짝 회복하는 순간이었다. 하지만 격노한들 죽음은 져주지 않는다. 야속하다.

어느 날 작가는 치료받는 어머니를 보다가, 옷 속으로 어머니의 신체 깊은 곳을 보게 된다. 한 번도 겪어보지 못한 상황에 작가도 어머니도 당황한다. 하지만 어머니는 "이제 내가 부끄러워 할 건 아무것도 없잖니."라고 말하며 신체의 노화를 체념하고 "이기적인 노인네가 될 테다." 죽음 앞에서 생떼를 부리기도 하고 "화장을 할 수 없게 되겠구나" 서글퍼한다. 그리고 마지막에는 "죽어가는 사람들은 이불에서 용변을 해결하는 법이지"라고 말해 작가와 나를 기함하게 한다.

언젠가 어머니가 "여기, 똥 치우는 사람 많아."라고 말한 적이 있다. 스스로 대소변을 처리하지 못해 기저귀를 차고 다른 사람의 도움을 받는 사람이 많다는 이야기였을까 아니면 그런 피치 못할 상황에서 도움을 주는 사람이 병원에 많다는 이야기였을까. 어쨌든 그게 어머니에게 중요한 지점이므로 나에게 이야기했을 것이다. 어머니의 성정에 매우 중요한 일.

대소변 처리를 남의 손에 맡겨야 하는 상황이 생기면 어쩌지? 주변의 환자들을 보면서 어머니는 큰일이 났다 싶었을 것이다. 때로는 본인은 그렇지 않아 안도하고 때로는 내가 저리되면 어쩌나 두려워하고 때로는 또, 어떤 수많은 생각을 했을까. 어머니도 몰랐던 것이다. 죽음이 어떤 것인지.

작가는 어머니의 죽음 앞에서도 지속되는 시술들을 보며 "이들은 대체 뭘 하려는 것일까?" 생각한다. 때로는 가망 없는 환자를 왜 이런저런 시술들로 괴롭히는지 항의하는데, 의료진은 그저 "전 제가 해야 할 일을 하는 겁니다."라고 말한다. 그러는 사이 작가가 느끼는 것은, 어쨌든 다들 죽음 앞에서도 본인의 일을 한다는 것이다. 그리고 환자들에 대한 간호사의 관심이 우정의 모습인 것도 알게 된다.

시어머니는 키가 아주 작다. 원래는 조금 더 컸을 것도 같은데, 내가 처음 만났을 때부터 어머니는 이미 허리가 많이 굽어 있었다. 일전에 입원 수속할 때 함께 키를 잰 적이 있다. 어머니의 허리는 굽은 채로 굳어 버렸는지, 키 재는 기기에 올라가서도 여전히 펴지지 않았다. 키는 150cm가 채 되지 않았다.

그렇게 작은 한 줌 몸에, 이런저런 기기들이 주렁주렁 달릴 때가 있다. 어머니는 심장 문제로 산소포화도가 떨어져서 여러 번 구급차를 탔는데, 그럴 때마다 응급실에 가서 보는 어머니의 모습은 처참했다. 환자복 밖으로 나온 팔과 다리는 주사와 기기로 가득 찬다. 대체 이 작은 몸에 의료진은 무슨 일을 하고 있는 것일까 회의하다가도, 며칠 후 회복된 어머니의 모습을 보면 역시 의술이란 신비롭다면서 감탄했다.

여러 번의 채혈로 거뭇해진 팔목, 거기에 정맥 주사를 놓고 살갗을 매만져 채혈하는 간호사들을 본다. 허리가 펴지지 않는 어머니는 CT를 찍을 때도 굽은 채로 기기에 들어간다. 그런 어머니를 조심조심 달래가며 사진을 찍고 시술을 하는 의사들을 본다. 나는 의료진들의 이런 일들이 모여서 어머니가 지금까지 살 수 있었구나 생각한다.

하지만 구급차와 응급실을 거친 후 한 번씩 어머니가 소생할 때마다 의료진들이 과연 무슨 일을 하고 있는 것인가 종종 회의했다. 어머니는 매번 가까스로 되살아났다. 결과를 말하자면 그것은 어머니가 죽지 않고 살아난 것이지만 과정을 보자면 크나큰 고통의 경험이었다. 그리고 되살아난 후 삶의 질은 지속적으로 조금씩 떨어져만 갔다.

에밀 아자르의 책 『자기 앞의 생』에서, 로자 아줌마가 왜 그렇게 병원에 가는 것을 싫어했던가. 아줌마는 알고 있었다. 병원에 일단 도착해 버리면, 의료진이 몇 번이고 자기를 되살려 낼 것이라는 것을. 자연스럽게 죽게 놔두지 않고 괴롭히고 고통스럽게 할 것이라는 것을. 그 소망을 지켜 주고자 주인공 모모는 지하방에서 죽어가는, 죽은 로자 아줌마 곁을 지켰다.

작가는 죽음 앞에서 죽어가는 사람은 철저히 혼자라는 것을 반복해서 말하는데, 나는 이것을 작가가 느끼는 미안함이라고 해석했다. 결국 나도 죽지만, 우리 모두는 죽지만, 나의 어머니가 죽어갈 때 매우 고독할 수밖에 없었을 거라는 미안함. 그래서 어머니의 임종 앞에서 아직 살아 있는 가족들과 죽어가는 어머니는 "근본적으로 갈라져 있다."라고 말한다.

책 제목 『아주 편안한 죽음』은 역설적인 표현이다. 작가의 어머니는 암에 걸려 고통스럽게 삶을 마무리했기 때문이다.

에밀 아자르 『자기 앞의 생』 문학동네

하지만 작가는 사랑하는 가족이 삶의 마지막과 임종을 지켰으므로 어머니의 죽음이 아주 편안했다고 말했다. 고독하고 외로운 죽음을 맞이하는 이들에 비하면 그렇다는 것이다. 간병인도 구체적인 이유는 말하지 않았지만, 간병인으로서 볼 때에 어머니가 아주 편안하게 죽었다고 말한다. 왜였을까.

작가와 작가의 동생은 어머니의 마지막을 내내 함께한다. 간병인 한 명과 두 딸이 번갈아 가면서 어머니를 돌보는데, 고통스럽고 긴 시간으로 묘사된다. 그런데 그것은 4주. 단 4주였다. 극한의 고통과 회생의 반복을 읽으면서 매우 긴 시간이라고 느꼈는데, 딱 한 달이었다.

나는 작가의 생각과는 별개로, 임종 전 사투가 한 달로 마무리되었으므로 아주 편안한 죽음이라 말할 수 있었던 것인가 생각해 본다. 고통으로 시간이 멈춘 것 같은 순간이 수없이 반복되었을 텐데, 그냥 편안한 죽음도 아니고 아주 편안한 죽음이라니. 나는 동의할 수 없다. 프랑수아즈 드 보부아르, 어머니 본인은 어떤 죽음이었다고 생각할까.

대개 죽음에 대한 책은 노년에 대한 책과 또 다르게 선뜻 손이 가지 않고 쉽게 읽히지가 않는다. 하지만 이 책은 빠져들 듯 읽고 말았는데, 아마도 그건 책이 무척이나 삶과 죽음에 대해 철학적이어서였던 것 같다.

작가는 때로는 어머니를 혐오하고, 어머니를 좋아하면서도 싫어한다. 하지만 어머니의 죽어가는 모습을 보며 슬퍼하고 놀라고 삶과 죽음에 대해 생각한다.

작가가 말하고자 하는 바는 무얼까? 작가는 무엇을 말하고 싶었을까. 읽으면서 내내 생각했는데 그것은 애도였다. 이것은 작가만의 애도의 방식이었다. 작가는 쓰는 사람으로서, 철학자로서, 어머니의 죽음을 정성껏 애도했다.

사후(死後)

사후세계가
존재할까?

가키야 미우
『파묘 대소동』
문예춘추사

   시어머니가 요양병원에 들어가기 전 집을 정리할 때, 옷을 하나 고르면서 죽으면 함께 태워 달라고 했다. 그것은 사후세계를 믿어서였을까 아니면 사후세계가 있었으면 하는 바람이었을까. 그도 아니면 그냥 관습이 몸에 배어서 나온 말이었을까?
   사람은 죽어서 어디로 가는 걸까? 아니 질문의 전제가 잘못되었다. 사람이 죽으면 그다음이 있을까?

   드라마에도 종종 등장하는 소재, 선산. 선산이라고 하면 '산'이니까 나는 우리 시댁에도 선산이 있다길래 산 하나 전체를 가지고 있는 줄 알았다. 아무리 시골이어도, 아무리 산이 작더라도, 산 하나 전체를 가지고 있다니 대단한데? 그렇게 단순하고 순진하게 믿었다. 그게 아니라는 것은 얼마 전에 알았다. 우리 집안의 선산은 그런 산이 아니었다.

그냥 산소 십여 개가 들어갈 정도의 언덕배기였다. 그때 우리는 조상의 묘 몇 개를 합장하고 산소 주변을 깔끔하게 재정비하는 일을 의논하고 있었다. 함께 묘를 관리하는 사촌 중 한 집이 이민을 할 예정이라 더 이상 성묘도 벌초도 할 수 없기 때문이었다. 선산의 규모를 최소한으로 줄이고, 아예 풀이 날 일도 없게 돌로 마감해 버리기로 했다.

묘를 정리하는 데에는 당연히 돈이 들어간다. 그 돈을 누가 얼마나 낼지 의논하던 중 시누이 한 명이 목소리를 높였다.

"솔직히, 거기 아들들이 묻히지 딸인 내가 묻히니? 묻힐 사람들이 돈을 내야지."

거기에 묻힐 사람들이 내야 하는 것 아니냐는 주장이었다. 지금까지야 조상과 부모의 묘만 존재했으니 자식들이 함께 관여했지만, 우리 세대로 들어서면 이야기가 달라진다. 거기에 묻힐 사람들이 돈을 내면 깔끔하다.

근데 좀 이상하다. 내가 죽기 전에 내 몸 누일 곳을 돈 내고 준비해 놓아야 한다니. 살아서는 산 몸 둘 곳인 집 한 채 사느라고 아등바등, 그게 죽어서도 연장된다니. 내 몸 하나 건사하기가 살아서도 죽어서도 번잡하고 귀찮기 그지없다.

『파묘 대소동』은 일본 작가 가키야 미우의 소설이다. 얼마 전 국내에서 인기가 많았던 오컬트 영화 〈파묘〉로 인해, 파묘의 뜻은 단번에 알았다. 묘를 파낸다는 것 아닌가. 그런데 파내는 것은 맞는데, 파묘의 이유가 달랐다. 여러 드라마와 영화에서 얻은 지식으로, 나는 당연히 파묘를 후손들의 부귀영화 또는 불운 방지를 위한 이장 같은 것으로 생각했다. 하지만 소설 속 파묘의 이유는 후손의 경제적 부담 때문이었다. 살아있는 자식들이 부모와 조상들의 사후를 관리하는 것에 돈과 정성이 너무나 많이 들었던 것이다.

사건의 시작은 주인공의 시어머니였다. 죽은 시어머니. 아흔 살 가까운 나이에 죽은 시어머니는 절대 시댁과 그리고 남편과 함께 묻히고 싶지 않다면서 수목장을 해달라고 유언을 남긴다.

나는 책을 다 읽을 때쯤에야 비로소 전체적인 시스템을 이해했는데, 일본은 대부분의 집들이 유골을 절에 맡긴다. 그리고 주지 스님이 관리하는데, 주지 스님은 가정도 있고 다른 직업을 병행하기도 하고 여성도 있다. 일본 사람들은 무교가 많다고 들었는데 유골을 절에 맡긴다니, 처음에는 잘 이해가 가지 않았다. 그런데 '절' 하면 불교가 떠오르는 한국과는 개념이 좀 달랐다.

이것은 오랫동안 이어진, 일본 사람들이 가문의 묘를 관리하는 시스템이었다. 기독교인이 아니지만 교회에서 결혼하듯이, 불자가 아니지만 절에서 죽은 조상의 유골을 관리하는 것이다. 그리고 후손들은 상당한 관리 비용을 낸다. 그런데 이제 그 후손들은 시대의 변화에 맞게 파묘하여 도심 근처 납골당으로 옮기는 추세다. 파묘에 관한 책도 많고 TV에서 특집으로 파묘를 다루기도 한다니 이런 소설이 나온 것도 이상하지 않다.

나는 소설을 반 이상 읽을 때까지도 이게 요즘 나온 소설이 맞을까, 혹시 작가가 유명해지면서 이전에 쓴 소설을 새롭게 번역해 내놓은 것은 아닐까 하는 의구심이 들었다. 가족의 묘를 정성껏 관리하고 그것을 아들이 승계하고 그래서 결혼할 때 남자의 성을 가질지 여자의 성을 가질지 그런 이유로 갈등하고. 그런 주제가 잘 와닿지 않았기 때문이다. 그런데 중간쯤 코로나 이야기가 나와서 알았다. 아, 이건 동시대 이야기가 맞구나. 일본은 아직도 결혼하면 남자든 여자든 한 명의 성을 따라 배우자가 성을 바꿔야 하는데, 대부분 남자의 성을 따른다고 한다. 그리고 그것과 같은 맥락에서 남자 쪽 묘를 며느리가 관리하고 당연히 며느리도 거기에 묻힌다.

주인공은 수목장을 원했던 시어머니의 며느리다. 그녀는 사후세계를 믿지 않고 묘에도 관심이 없다. 그래서 생각한다. 유골은 단지 칼슘일 뿐인데, 생선 뼈와 뭐가 다르냐고. 아주 통쾌하고 명쾌한 캐릭터다.

책은 여러 등장인물의 입장을 일인칭 주인공 시점으로 번갈아가면서 보여준다. 91세 시아버지는 생각한다. 죽은 아내가 자기 옆에 묻히고 싶어 하지 않는다니 서운하다고. 사위는 생각한다. 아내로부터 버림받은 장인어른이 불쌍하다고. 딸은 생각한다. 어머니의 마지막 유언을 꼭 지켜주고 싶다고. 그리고 며느리인 주인공은 생각한다. 어차피 죽으면 무(無)인데, 살아 계실 때 약속을 꼭 지키겠다고 대답했다면 그것으로 족하지 않느냐고. 시어머니가 죽은 지금 어떻게 한들 무슨 상관이냐고.

그런데 이상하다. 죽은 할머니의 남편도, 사위도, 딸도, 모두 사후세계에 대해 언급하지 않는다. 서운하다거나 불쌍하다거나 마음이 불편할 거라거나 하는 감정들의 주체는 모두 살아있는 사람이다. 죽은 어머니가 보고 있을 거라거나, 죽은 어머니가 알면 화를 낼 거라거나 그런 언급은 어디에도 없다. 어차피 산 사람 간의 대화겠지만, 죽은 후 죽은 사람의 몸을 어떻게 처리할 것인가에 살아있는 사람들의 감정만 존재한다. 사후세계가 존재하지 않는다는 믿음이 기저에 있는 것이다. 그렇다면 정말 주인공 말대로 약속을 지킨들 안 지킨들 뭐가 대순가. 어머니의 세상에 사후란 존재하지 않는데.

주인공의 시어머니는 결국 수목장으로 마무리가 되었지만, 시아버지는 파묘를 고민한다. 후손들에게 폐를 끼치고 싶지 않아서다. 나도 그렇게 생각했던 것이, 산소 즉 봉분이 아니라 유골이라면 파묘해도 되지 않을까? 납골당으로 옮겨도 되고 먼 조상을 제외한 부모의 유골은 아쉽다면 유골함에 넣어 집에 놓아도 되고.

아무튼 나에게 인상 깊었던 것은 주지 스님의 말이었다. 파묘를 고민하는 시아버지에게 주지 스님이 했던 말. 묘를 관리할 젊은 세대가 줄어드는 추세이니 어차피 종래에는 없어지거나 국가에서 공동으로 관리하게 되겠지만, 노후나 사후에 자식이나 손자에게 조금은 의지해도 되지 않겠느냐고. 그게 그렇게 나쁜 일이냐고. 자식에게 노후를 의지하는 것도 못마땅한 마당에 사후를 의지하다니, 이게 될 말인가. 사후의 무엇을 의지한다는 걸까. 의지의 주체는 누구인가?

우리나라에도 차례와 제사가 있고 산소가 있고 납골당이 있다. 나는 『파묘 대소동』을 읽으면서, 그 모든 것들을 선입견 없이 새로운 시각으로 한 번 직시해야겠다고 생각했다.

전통 의례가 동시대에 끼친 순기능이 당연히 있고 유산으로 전달된 선조들의 지혜와 지식이 물론 있다. 하지만 원론적인 질문을 하면서 새롭게 생각해 보면 어떨까. 판이 바뀔 수도 있다. 살아있는 사람들이 그 무언가로부터 해방될 수도 있다. 다른 나라의 관혼상제에 대하여 읽는 것은 그런 점에서 흥미롭다. 무언가 소중한 것을 우리가 놓쳐 왔을 수도 있고 그들이 놓쳐 왔을 수도 있을 것이다. 익숙한 것을 새로 보며 색다른 깨달음을 얻는다.

  책에는 죽음과 관련된 일본의 또 다른 제도가 나오는데, 이것은 묘지정책과 달리 매우 선진적이다. 바로 사후 이혼 정책이다.

  사후 이혼은, 배우자와 사별하면 배우자의 가족들과도 남이 될 수 있는 정책이다. 유산 상속이나 연금 수령과는 아무 관계가 없고 신청만 하면 된다고 하니, 신고 제도나 마찬가지다. 물론 일반화할 수는 없겠고 악용될 우려도 있다. 하지만 배우자와 사별 후에도 가족의 의무에서 놓여 나지 못해 불행하게 사는 경우를 나는 너무도 많이 봤다. 그것도 사실이다.

  노년에 들어섰다면, 사후(死後)에 대한 숙고가 필요하다. 나는 죽고 없어지더라도, 내가 사랑하는 사람 또는 내가 사랑하지 않는 사람들은 계속 살아갈 것이고 죽은 나는 그들에게 얼마간 영향력이 있다. 나의 장례와 나의 유골이 그렇다.

내가 살면서 만들어 준 기억이나 추억은 당연할 테고. 길어야 한 세대 정도겠지만 나는 내가 애정을 가졌던 이들에게 좋은 결말을 만들어 주고 싶다. 죽은 나의 안위를 위해서가 아니라 죽어서도 내가 사랑한 이들을 보듬어 주고 싶은 바람이다. 그게 사람의 마음 아닐까.

사후 이혼, 사후 의지 등의 단어를 들으니 더욱 그런 생각이 든다. 중년인 나도 이제 슬슬 생각해 봐야겠다. 너무 늦은 것이 아니었으면 좋겠다.

4부

노년의 삶

낭만노년

낭만적인,
너무나 낭만적인

우애령
『행복한 철학자』
하늘재

    그런 날이 있다. 노년에 대한 몽글몽글하고 낭만적인 글을 읽고 싶은 날. 단, 마냥 몽글하기만 한 글은 별로 내키지 않는다. 그런 글은 남 이야기 같고 판타지 같아서다. 나는 어딘가에 있을 법하지만 어디에서도 읽은 적이 없는, 술술 읽혀서 이야기에 빠져들다가 급기야 주인공 할머니 또는 할아버지가 만나고 싶어지는, 그런 글을 읽고 싶다. 그런 욕구가 최대치로 상승할 때가 있다.

    그럴 때 나에게 온 책『행복한 철학자』. 책은 우애령 소설가가 남편에 대해 쓴 에세이다. 철학자로 지칭한 작가의 남편은 실제 철학 박사다. 남편에 대한 아내의 다정한 시선과 철학자 본인의 생에 대한 위트 있는 시선이 조화롭게 담겨 있는 책은, 딸의 부모에 대한 애정 어린 시선까지 더해지자 몽글몽글함이 최대치가 되었다. 이번 개정증보판이 나오면서 철학자 부부의 딸인 엄유진 일러스트레이터의 삽화와 만화가 추가되었기 때문이다.

사실 개정증보판에 우애령 소설가 본인은 참여하지 못했을 것이다. 왜냐하면 우애령 작가는 7~8년 전부터 기억을 잃는 중이기 때문이다.

엄유진 일러스트레이터는 〈순간을 달리는 할머니〉라는 제목으로 인스타에 엄마에 대한 그림 에세이를 연재 중이다. 딸로서 알츠하이머를 앓는 엄마를 그리는 마음은 매우 복잡할 것이다. 하지만 독자가 보는 인스타툰 속 우애령 작가는 여전히 똑똑하고 여전히 소녀 같고 기억을 잃어가는 와중에서도 매우 유쾌하다.

제목이 『행복한 철학자』인 만큼 책은 처음부터 끝까지 철학자의 철학과 철학자의 삶에 대해 말한다. 철학자는 작가의 배우자이므로 서로의 시작에 대한 이야기, 가족이 된 이후의 이야기들이 나오는데, 나는 특히 3장 '즐거운 인생'에 나오는 에피소드들이 인상 깊었다. '행복한' 철학자답게 삶에 대한 모든 이야기들이 깊은 위트를 담고 있었고, 그 깊은 위트에 담긴 짙은 철학의 맛 때문이었다.

어느 날 철학자 부부는 여든 살 노철학자의 팔순 모임에 간다. 거기서 우수에 차 축가를 듣던 작가는 팔순을 맞은 철학자의 뼈를 때리는 답사에 웃음이 터진다. 답사는 이렇게 시작한다.

"노세, 노세 늙어서 노세, 죽어지면 못 노나니."

다 함께 진중한 분위기로 축가를 듣던 사람들은 빠르게 잔치의 흥을 회복하여 노인의 이어지는 말을 듣는다. 노인은 말한다. 죽으면 못 노니까 지금 어서 빨리 놀자. 죽으면 정말 아무것도 못 하지만 그중에 제일 아쉬운 것은 아무래도 노는 것이다.

이럴 때 나는 인간이 참 귀여운 존재임을 다시금 상기한다. 생각해 보면 수많은 생일들, 특히 회갑이나 칠순 같은 특별한 생일들은 오랫동안 살아있음을 축하하는 것인데, 그 자체가 서글픈 일이다. 오래 살았다는 것은 그만큼 죽을 날이 가까웠다는 말인데 그걸 또 다른 사람들이 축하해 준다니. 다만 자기 자신이 스스로에게 이만큼 살아냈으니 기특하고 대견하다는 뜻에서 자축하는 것은 가능하겠다. 하지만 그 이외의 축하들은 뜻을 생각하면 할수록 자연스럽지 못하다. 한데 거기에서 생각을 멈추고 절망하는 것이 아니라, 그래 얼마 안 남았으니 빨리 서둘러 놀자고 말하는 철학자들의 선생, 노철학자의 존재가 귀하고 반갑다.

그런 노철학자를 보면서 늙어 간 행복한 철학자. 그도 은퇴를 한다. 그리고 고향에 시골집을 마련한다. 그 후 철학자가 시골집

살이에 어찌나 정성이던지 작가는 남편이 아리따운 여자와 늦바람이 난 것만 같다고 말한다.

마치 남편이 시골집과 연애를 하는 것만 같다는 작가의 글을 읽으면서, 나는 내 아빠에 대해 생각했다. 철학을 공부하지 않았지만 꿈꾸는 낭만가 정도는 되는 우리 아빠는, 오늘도 주말농장에서 사각사각 일기를 쓴다.

4월 셋째 주 토요일. 달이 너무 밝아서.
5월 첫째 주 주말. 외가 집들이 여덟 명.
5월 15일. 비료 두 봉지, 윗집 할아버지가.

아빠의 일기를 주기적으로 몰래 읽는 나는 '달이 너무 밝아서' 라는 메모에 심장이 쿵 내려앉았다. 아빠가 너무 사랑스럽고 낭만이 너무 감동적이어서 그랬다. 어느 날은 술 한잔하는 감흥을 적고 어느 날은 그냥 그날 있었던 일을 기록하고 또 어느 날은 이웃에게 받은 환대를 적는다. 받은 환대는 곱절로 갚아야 하기 때문이다.

70대 후반의 나이에 손주 크는 거 보는 재미도 다 해 버린 마당에 이제 무슨 재미로 살려나 걱정스러웠던 아빠는 다행히 주말농장과 늦바람이 났다. 주말농장과 함께라면 아빠의 노년은 외롭지 않을 것 같다.

아빠의 77년 인생을 되돌아볼 때 평탄한 인생이었다고는 말할 수 없다. 아빠의 노력과 수고가 아빠와 우리 가족을 평탄한 삶으로 이끌었을 수는 있지만, 아빠가 평탄한 인생을 갖고 태어난 것은 아니다. 나는 그걸 잊지 않는다. 아빠의 수고를 운으로 치부하지 않음으로 나는 아빠의 인생을 존중하고 존경의 마음을 표한다.

아빠는 인생 내내 항상 열심히 살았고 지금도 열심히 살고 있고 그 와중에 낭만도 잃지 않았다. 아빠의 낭만은 나이 들면 들수록 더 빛을 내고 있어서, 나는 아빠의 노년이 살짝 궁금하기도 하다. 자식 또는 배우자가 내 노년을 궁금해한다는 것은, 진정 '잘' 살았다는 방증일 거다. 그런 노년이라면, 그렇게 나이들 수 있다면, 얼마나 좋을까. 내 부모가 백만장자로 늙는 것보다도 훨씬 더 매력적일 일이다.

우애령 작가도 그렇게 말했다. 아폴로와 뮤즈, 디오니소스 사이를 방황하며 살아온 철학자의 노년은 어떤 형상으로 그 모습을 드러낼지 자못 궁금하다고. 노년에 들어선 남편의 장래가 궁금하다니, 우애령 작가는 전생에 나라를 구한 것인가. 아니, 행복한 철학자가 나라를 구한 것인가.

그렇게 아내와 딸과 독자들의 마음을 홀린 행복한 철학자. 철학자는 책 마지막에 본인의 인생에 대한 소회를 밝히는데, 그는 인생에 너무 큰 열등감과 두려움을 지고 컸기 때문인지 이렇게 잘 살아온 자신이 대견하다고 말한다. 그리고 바로 지금 이 순간이 제일 행복하다고도.

예전에 박완서 작가도 그런 말을 쓴 적이 있다. 그때 작가 나이 70대였는데, 젊은 시절로 돌아가고 싶지 않다고 했다. 그 힘들었던, 고단했던 청춘보다 70대인 지금이 훨씬 좋다고 했었나.

나도 철학자의 말이 매우 공감이 간다. 23세 첫 직장에 들어가서 일하던 어느 날, 명동에 있는 큰 백화점에 쇼핑을 갔던 어느 날, 나는 그 많은 물건들의 홍수 앞에서 좌절하고 말았다.

화려한 쇼윈도와 갖고 싶은 많은 옷과 가방과 신발들. 그때 내 월급으로는, 그리고 앞으로도 내 미래에서, 나는 마음껏 여기서 쇼핑하는 삶을 살 수 없을 거다, 그렇게 확신했고 그때의 막막함이 아직도 기억이 난다. 그리고 그 막막함은 줄곧 마음속에 있었다. 꽤 연봉이 높은 회사에 다닐 때도, 남편과 결혼해 이제 둘이 버니까 수입이 두 배며 든든해 했을 때도, 얼떨결에 산 집값이 껑충 뛰어 꽤 큰 차익을 내고 팔았을 때도, 마음속 깊은 곳에는 두려움이 있었다. 내가 오르지 못할 곳과 가난에 대한 두려움. 그것은 비단 돈에 대한 두려움이 아니라, 삶에 대한 열등감과 두려움이었을 거다.

책은 철학자가 딸에게 보내는 편지로 마무리된다. 타국에서 청춘을 살아 내느라 고군분투 중인 딸에게 철학자는 '아빠가 너무 행복해서 미안하다'고 사과한다.

『행복한 철학자』를 읽고 꿈이 생겼다. 바삐, 전투적으로, 신명 나게 사는 나의 아이에게, '엄마가 너무 행복해서 미안하다'라고 말할 수 있는 노년을 살고 싶어졌다.

노년을 준비 또는 대비해야 한다고 많은 중년들이 말한다. 이제 자식은 훨훨 날려 보내야 하고, 자식이 옆에 없어도 혼자 잘 놀아야 한다고. 그러니 혼자 잘 놀 수 있게 지금부터 취미를 만들고 준비해야 한다고. 그게 자식을 위한 일이라고. 그런데 똑같은 말을 뒤집어 말하면 이렇게도 말할 수 있는 것이었다.

'엄마가 아빠가, 너 없이 너무 행복하게 잘 살아서 미안하다.'

이렇게 선수를 친다면 어떨까. 생각만 해도 유쾌하고 통쾌하다.

'나, 이런 노인이야.'

같은 말이지만 진짜 진짜 있어 보인다. 그렇게 살아야겠다.

로맨스

판타지,
할머니와 할아버지의
사랑 이야기

사이토린, 우키마루 글, 구라하시 레이 그림
『레미 할머니의 서랍』
문학과지성사

　이것은 그림책이다. 노년의 판타지, 노년의 사랑. 할머니와 할아버지의 사랑 이야기를 그린 그림책. 그리고 해피엔딩이다.

　할머니와 할아버지의 이야기에 노인성 질환 이야기는 나오지 않는다. 무릎이 아프지도 않고 소화불량도 없다. 머리가 벗겨져 추레하지도 않고 이가 아파 찬 음식을 못 먹지도 않는다. 죽을 날을 두려워하지도 않고 나이를 들먹이지도 않는다. 그런 이야기는 전혀 나오지 않는다. 서로의 사랑 이야기만 나온다. 더 놀라운 것은 자식들 이야기가 나오지 않는다. 할머니 할아버지의 연애에 가타부타 관여할 자식은 없다. 산뜻하다. 책 띠지에는 이런 문구가 있었다.

　귀를 기울이면 소곤소곤 속삭속삭, 즐거운 속삭임이 들려옵니다.

　소곤소곤 속삭속삭. 의성어와 의태어를 사랑하는 나의 눈에 쏙 들어온 책. 의성어와 의태어가 빛나는 언어답게 일본 책이었다.

　레미 할머니의 서랍 제일 아래 칸에는 공병, 박스, 리본 등 어딘가에 한 번 사용된 것들이 들어있다. 할머니의 표현에 의하면 이른바 '예쁜 것들'이다. 예쁘게 다시 사용할 수 있는 재활용 물건들의 보고(寶庫). 원래부터 예뻤고 앞으로도 예쁠 것들. 때가 되면 사탕 병은 잼 통으로 거듭나고, 리본은 고양이의 머플러가 되고, 유리병은 꽃병이 된다. 할머니는 금손이다.

　작고 예쁘지만 받자마자 어딘가에 파묻히게 되는, 쓸모는 없고 예쁘기만 한, 그래서 사람들이 '예쁜 쓰레기'라고 부르는 것들과 비교된다. 갓 생산된 예쁜 무언가를 쓰레기로 부르는 것과 한 번 제 할 일을 끝낸 어떤 것을 예쁜 것이라고 부르는 것은 얼마나 다른 화법인가.

　서랍 속 예쁜 것들은 차례차례 순서가 되면 어두운 서랍 속을 벗어나 다시 예쁜 것으로 거듭난다. 그래서 다들 서랍이 열릴 때마다 기대한다. 소곤소곤, 속닥속닥. 기대에 달뜬 예쁜 것들. 이

번엔 할머니가 날 부를까? 이번에는 아니어도 그럼 다음에는 날 부르겠지. 그중에 할머니가 불러주지 않아 상심하고 있던 작은 상자가 있다. 상자는 이렇게 나는 영영 잊히는 것 아닐까, 수심이 그득하다. 그런데 그 상자를 어느 날, 이웃 레오 할아버지가 가져간다. 그러고 나서 그 일이 생긴다. 레오 할아버지는 말한다.

"레미 씨, 괜찮다면 나와 함께 살지 않겠소?"

이 '세기의 프러포즈'를 들으며, 서랍 속은 시끌벅적 난리가 난다. 너무 좋아서, 너무 부끄러워서, 너무 로맨틱해서. 할아버지에게 선택되었던 작은 상자는 할머니를 위한 반지 상자가 되어 등장하고, 서랍 속 유리병들은 세상에 나와 축하의 꽃병이 된다.

"나와 결혼해 주지 않겠소?"가 아니라 "나와 함께 살지 않겠소?"라고 했다. 이 장면에서 얼마나 풋풋한 설렘을 느꼈던지 잊을 수가 없다. 나는 일본어 원서를 보지 못했지만, 일본어로도 분명 '결혼'이 아니라 '함께 살다'라는 단어를 썼을 것이다. 왠지 그랬을 것 같다. 책을 시작할 때는 그냥 말랑하고 귀여운 할머니의 오래된 소품들에 대한 이야기일 줄 알았는데, 이런 반전이 있다니. 책을 추천해 준 책방 사장님께서는 '완벽한 결말'이라고 했다. 꼭 끝까지 읽어야 한다고.

이 책을 한동안 거실 탁자 위에 올려놓고, 반복해서 봤다. 당시에 나는 50대의 사랑과 60대의 사랑에 아주 큰 관심을 갖고 있었다. 오랜 친구의 나이가 곧 50인데 친구에게 남자 친구가 생긴 것이다. 둘의 생각과 관계없이 나는 두 사람의 결혼을 꿈꿨다.

 그즈음 읽은 책이 백지성 작가의 『50, 이제 결혼합니다』였던 것도 관련이 있었다. 이 책을 읽으며, 내 친구도 결혼식을 할까? 한다면 친구는 얼굴이 작고 목이 기니까 쇄골 라인이 돋보이는 스타일의 웨딩드레스를 추천해 줘야지. 성대한 결혼식 말고 서른 명 안팎의 작은 결혼식이면 좋겠다. 그런 생각까지 했다. 백지성 작가가 만혼이라도 드레스는 꼭 입어야 한다고 말했기 때문이다.

 친구의 연애를 옆에서 보면서 느낀 것은 사랑 고유의 풋풋함이었다. 청춘의 사랑은 풋풋함이 기본이다. 한데 풋풋함은 다만 젊은이들의 사랑에만 속하는 것이 아니었다. 50대의 사랑도 놀랍도록 신선하고 아기자기했다.

백지성 『50, 이제 결혼합니다』 오르골

둘의 연애를 보면서 내 감성이 늙은 것을 깨달았다. 나만 늙었지, 외모도 감성도. 그런 생각을 자주 했다.

어느 예능프로그램에서 전현무 씨도 그런 말을 한 적 있다. 강수지 씨와 김국진 씨의 일상을 영상으로 보던 와중이었는데, 자기는 지금 이 커플이 요즘 유행하는 젊은이들의 연애 예능보다 훨씬 더 설렌다고. 아주 몽글몽글하다고 했다. 강수지, 김국진 부부의 나이는 60즈음이다.

하지만 50이라는 나이, 60이라는 나이는 결혼이라는 제도로 묶이기에 뭔가 애매했다. 가릴 것이 많았고 거칠 것도 많았다. 다가올 미래는 청년기에 꿈꿀 그런 것들과는 확실히 달랐고 계획해야 할 장래도 본질적으로 달랐다. 무엇보다 가족과 친구들의 입장이 정리가 안 되었다. 우리는 어떤 입장을 취해야 하나. 중년의 커플 앞에서 어떤 입장을 취해야, 커플의 미래를 긍정하는 마음을 오해 없이 드러낼 수 있을까. 아니 그에 앞서, 우리의 긍정하는 마음 또는 부정하는 마음 자체가 50의 커플에게는 필요하지 않은 오지랖이 아닐까? 그런 생각도 들었다.

책 『50, 이제 결혼합니다』를 읽고는 머릿속이 더욱 복잡해졌다. 본격 만혼 권장 에세이인 이 책은 만혼이 얼마나 근사한지 시종일관 솔직하게 드러냈다.

중년이라는 나이는 사랑이라는 이름으로 서로를 구속할 욕심도 열정도 사그라드는 나이다. 그러니 자유롭게 살면서 둘이 되어 좋은 점만 취하면 된다. 시댁 식구와는 있던 갈등도 사라질 나이니, 시작부터 여유롭다. 부모님 부양 문제는 양쪽 다 성숙해진 후의 결합이니 각자 알아서 해결을 잘하면 된다. 만혼의 장점은 이렇게나 많다.

읽다 보면 50이라는 나이가 제2의 결혼 적령기라는 생각이 들 정도였다. 그러니 망설이지 말고, 결혼하기로 51% 이상 결정한 커플이라면, 이 책을 읽은 후 날을 잡으면 되겠다.

그런데 만혼이 정말 근사할까? 나는 만혼의 한자가 당연히 '만(滿)'이라고 생각했다. 찰 만. 나이가 가득 차서 하는 결혼. 한 인간이 자신의 인생을 가득 채워 살아낸 후 하는 결혼. 그런데 그게 아니라 '만(晚)'이었다. 늦을 만. 늦게 하는 결혼.

그렇다면 이야기가 달라진다. 결혼이란 제도는 두 사람이 청년기에 결혼해서 아이를 낳고 가족을 꾸리고 중년과 노년을 함께 보내는 것으로 설계되었다. 그러므로 늦은 결혼은 청년기의 결혼에 대입하기에 모든 것이 안 맞고 삐걱거리는 것이 맞다.

중년 이후에 하는 결혼은 결혼이라기보다는 함께 살기로 마음먹는 것. 서로의 옆을 함께 하기로 약속하는 것. 그것을 다 같이 축하해 주는 것. 그 정도면 충분하지 않을까. 그런 의미에서 책 속 레미 할머니와 레오 할아버지의 결혼은 아니 약속은, 편안하고 근사했다.

인생이 길어지고 있다. 드라마 속 노년의 사랑은 불륜이거나 자식들의 반대에 부딪쳐 좌초하거나 한쪽은 젊고 한쪽은 늙어 뭔가 결혼으로 어떤 이익을 추구하거나 그런 플롯에 갇혀 있는 경우가 많다. 아니 노년의 사랑 자체가 주된 테마인 경우가 거의 없다. 하지만 이제 노년의 사랑은 미래에 일어날 수 있는 많은 일 중의 하나가 되었다.

그리고 결혼이라거나 이혼이라거나 그런 거 말고, 진짜 노년의 사랑에 집중한 스토리를 볼 때가 되었다. 다만 그림책이 아니라 드라마에서 그리고 영화에서 주체적이고 자주적인 사랑을 하는 60대 노인이 주인공으로 등장할 날이 머지 않았다는 이야기다.

미래에도 현빈이, 전지현이, 송혜교가, 우리가 아는 지금 잘나가는 40대 배우들이, 노년에도 전성기를 맞이할 예정이다. 나는 그렇게 예언한다. 근사한 꽃노년. 현재 우리의 대배우들은 앞으로도 쭉 자연스럽게, 사는 내내 전성기일 것이다. 그들은, 시절을 잘 만난 배우들이다.

노년의 위트

이렇게 유쾌한
노년이라니

전국유료실버타운협회 포푸라샤 편집부
『사랑인 줄 알았는데 부정맥』
포레스트북스

책의 시작에 실버(Silver)에 대한 용어 정의가 나와 있다. 일본식 영어로 실버는 노년을 뜻한다. 그리고 실버에이지, 실버타운, 실버시트, 실버산업 등 여러 가지 명칭에 쓰이는데, 대부분 들으면 무엇을 뜻하는지 직관적으로 알 수 있다. 그중 조금 낯선 용어 실버시트는 예상했던 대로 일본 철도의 노약자석을 뜻한다.

한동안 서점에만 가면 이 책 『사랑인 줄 알았는데 부정맥』이 눈에 띄었다. 빨간색 표지도 강렬한데 책 제목도 강렬했다. 책 뒷면에 쓰여 있는 센류는 더 강렬했는데 거기에는 "할멈, 개한테

주는 사랑 나한테도 좀 주구려."라고 쓰여 있었다. 앞면과 뒷면의 짧고 강렬한 문구를 읽으며 든 생각. '아, 이 책 뭐지?'

매우 유혹적이었다.

일본에는 '센류(川柳)'라는 하이쿠(俳句) 비슷한 시의 장르가 있다. 센류는 아주 짧은 정형시인데, 일본의 전국유료실버타운협회에서 〈실버 센류 공모전〉을 20년 넘게 지속해 오고 있다고 한다. 테마는 실버이지만 공모자의 연령은 제한이 없다. 그러므로 6세 아이부터 100세 노인까지 모두가 참여한다. 응모작은 사무국의 심사를 거쳐 마지막으로 실버타운 입주자들에게 인기투표를 받는다. 그리고 걸작선으로 뽑힌 센류들이 이 책 『사랑인 줄 알았는데 부정맥』에 실려 있다. 책에는 여든여덟 편의 센류가 실려 있다. 가장 젊은 작가의 나이는 스물셋이었다.

실버 센류의 주제는 다양하다. 죽음, 기억력, 신체 노화, 외로움, 배우자, 사랑, 손주, 반려견, 음식 등 여든여덟 편의 센류는 매우 다채로운 메시지를 품고 있었다.

깜빡깜빡. 기억력 쇠퇴에 대한 하소연은 그래도 가장 웃기고 마음 편히 웃을 수 있는 소재다. 모든 사람은 천천히 기억력이 쇠퇴하고, 심지어 청년기에도 건망증은 경험하므로, 이야기하면서 슬며시 미소 짓기에 가장 안전한 노년의 푸념이 아닐까. 이를

테면 이런 것이다.

"종이랑 펜 찾는 사이에 쓸 말 까먹네."

나는 대학에서 외국인들에게 한국어를 가르치는데, 수업이 끝난 후 교실을 꼭 한 번씩 둘러본다. 책을 두고 가는 경우야 뭐 그럴 수도 있지만, 전자기기를 두고 가는 경우들이 많아서다. 교실 벽 콘센트에 아이패드를 꽂아두고 간다거나, 헤드셋을 가방걸이에 얌전히 걸어둔 채 가 버리는 경우도 있다. 모두 스무 살 언저리의 학생들인데, 그들도 깜빡깜빡한다. 나는 그럴 때 조금 안도한다. 요즘 들어 안경집을 손에 들고 안경을 찾는다거나, 수업에 사용할 노트북을 안 들고 교실에 들어간다거나 그런 일이 잦아서다. 물론 청년들의 깜빡과 우리의 깜빡과 노년의 깜빡은 다 무게감이 다르다. 그건 알지만, 그래도 조금은 위로가 된다.

쏜살같이 흐르는 시간에 대한 센류들을 읽으면서는 많이 허무했다. 나도 얼마 전부터 언니와 또는 대학 때 친구들과 이야기하다 보면, 무려 20년 또는 30년 전일 때가 있다. 나는 얼마나 옛날 일인지를 가늠할 때 아이를 낳기 전과 낳은 후로 분류하고는 했다. 그런데 이제 아이가 10대 후반이 되다 보니, 그것도 적합하지가 않다. 어쨌든 20년 전이라면 과거의 경험을 노하우 삼아 현재의 어떤 것을 판단하거나 조언하는 건 어려운 일이어서다.

십 년이면 강산이 변하는데, 내가 이십 년 전에 겪은 어떤 일을 말하면서 조언이나 제안을 하는 건 정말 너무나 구태의연하다. 그래서 언니랑 나는 이런 규칙을 정했다. 2~3년 전인 경우라면 2년 전에 혹은 3년 전에 이렇게 시기를 밝히고, 5년도 더 넘은 일이라면 그냥 옛날이라고만 하자고. 괜히 거슬러 올라가 그게 언제였는지를 밝히려다가 그만 민망해지고 마는 일은 만들지 말자고. 그런 내 마음을 시원하게 긁어 준 센류가 이거다.

"'요전에 말이야' 이렇게 운을 뗀 오십 년 전 이야기."

나는 요즘 도저히 정신을 차릴 수가 없다. 나는 월요일조차 싫지 않다. 어차피 시간은 접어 흘러 곧 금요일이 될 것이므로. 아니 흐르지조차 못 한다. 시간이 막 쏟아진다. 폭포처럼 아래로, 아래로. 시간이 자꾸 접히는 기분이다. 그러한 피할 수 없는 상황을 센류로 풍자하고 희화화하고 해학을 찾고 그래야지 어쩌겠나. 방법이 없다. 실버 센류에의 공감은 필연적이었다.

노화와 질병에 대한 속수무책 마음, 속수무책 순리를 논한 센류들도 많았다. 내용은 애처로운데 역시나 코믹하다. 안 들리고 안 보이고 여기저기 아픈 곳이 많고, 그래서 웃지도 울지도 못하는 상황이 생긴다. 그나마 웃기게 말할 수 있는 사람이 승자인가 싶다. 자신의 노화를 관망하는 느낌이 들어서다.

주말농장을 근사하게 지어 놓은 아빠는 자꾸 여기저기 아파서 농사를 못 짓겠다면서 웃으면서 말한다.

"소작 줘야겠다."

누구 소작 주든지 해야지, 허리 아파서 농사 못 짓겠다고. 그랬으면 좋겠다. 나 대신 누가 휴가 가고, 나 대신 누가 회사 가서 일하고, 나 대신 누가 집안일을 하고. 나는 내방 따뜻한 침대에 누워 있을 테니, 누가 내가 하고 싶은 것들 좀 다 해 줬으면 좋겠다. 그리고 그 경험과 감동은 내가 다 느끼고.

병원에 가면 노년층 질병의 제1번 원인은 노화인 경우가 많다. 그저 늙어서란다. 그런 말을 들을 때는 진짜 어이가 없다. 내가 술을 많이 마셔서도 아니고 운동을 안 해서도 아니고 그저 나이 들어서라니. 어쩌라는 소린지.

"'연세가 많으셔서요.' 그게 병명이냐 시골 의사여."

누군가 이런 센류를 쓴 연유가 1000% 이해가 간다.

그리고 배우자에 대한 센류들. 노년 부부 이야기가 아주 매력적이다. 책 뒷면에 써 있던 센류, "할멈, 개한테 주는 사랑 나한테도 좀 주구려." 이 센류가 이 책을 사게 했다.

노부부가 지지고 볶고 사는 이야기. 아주 마음이 따뜻해진다. 부부란 사랑으로 만나 아이 낳고 살다 보면 전우(戰友)가 된다는데. 전우가 된 다음은 또 어떤 관계가 올까. 나는 아직 전우 단계여서 그런지, 우리 부부의 노년이 어떠할지 아직은 가늠이 안 된다. 지지고 볶고 사는 이야기, 살짝 푸념기 섞인 투덜거림들 속에 이런 센류도 있다.

"손을 잡는다. 옛날에는 데이트, 지금은 부축."

엄마의 취미는 아빠다. 아빠는 이것저것 취미가 많고 여든에 가까운 나이에 아직도 일터에 나간다. 한데 엄마는 오로지 취미가 내 아빠뿐이다. 그게 꽤 신경 쓰였었는데, 이제는 그렇지 않다. 왜냐하면 아빠의 친구는 엄마뿐이어서다.

한쪽은 100%의 취미가 되어 주고, 한쪽은 100%의 친구가 되어 준다. 그거면 100%의 부부가 아닐까. 엄마 아빠보다 더 좋은 부부 사이를 나는 아직 본 적이 없다. 이제 서로가 서로를 돌보아야 하는 나이에 들어서면서 사이가 더 좋아지는 것도 같다. 둘 사이에 하나 없었던 그것, 애틋함이 생겨서다.

아직 읽지 못했는데 실버 센류 모음집 2탄이 나왔다고 한다. 책 제목은 『그때 뽑은 흰머리 지금 아쉬워』(포레스트북스). 읽기도 전에 웃음이 난다. 흰머리가 한두 개 나기 시작할 때는 눈으로 보기 싫어 죄다 뽑아 버렸는데, 그래도 괜찮았는데, 이제 흰머리라도 있으면 좋을 수준으로 머리숱이 줄어버린 것이다. 정말 이것은 당해보지 않고는 모르는 일이다.

일본은 성인 인구 네 명 중 한 명이 노인이라고 한다. 우리보다 2~30년 먼저 노인 인구의 폭증을 경험하다 보니, 일본은 노인 인구 관리를 다각적으로 고심한 것 같다. 정부 차원에서도 그렇고 국민들도 그렇다. 그리고 문학계에서도 노년의 삶, 노년기 작가를 하나의 문학 장르로 인정하는 분위기다.

나는 전기 고령기와 후기 고령기라는 구분도, 치매 대신 인지증이라는 단어를 쓴다는 것도, 일본의 요양보호사는 영역별로 업무를 담당한다는 것도 모두 책을 통해 알았다.

얼마 전 읽은 마스다 미리의 소설 『딱 한 번만이라도』의 주인공은 마흔 살이고 직업이 요양보호사였다. 그녀는 식사 담당 요양보호사였는데, 청소라든지 목욕을 담당하는 요양보호사는 따로 있다는 말을 했다. 소설의 맥락상 아이를 낳아 본 경험이 없는 본인은 타인을 목욕시키고 기저귀를 가는 일은 아무래도 하기 어렵겠다는 말을 하면서 나온 이야기다.

마스다 미리 『딱 한 번만이라도』 소미미디어

문학에서 노년을 다루는 것은 노년에 대한 진입 장벽을 낮추고 노년의 대상화를 막는다. 미디어에서도 책에서도 노년의 등장이 자유롭고 다양했으면 좋겠다. 그 결과 젊은이들은 노년을 이해하고 익숙해지고, 중년은 본인의 노년을 준비하고, 노년 당사자들은 자신들의 모습을 읽고 보고 그럴 수 있을 것이다. 그것은 모두의 조화로운 삶에 큰 도움이 될 것이다.

노년의 도전

48년생
셀럽의 등장

이옥선
『즐거운 어른』
이야기장수

    나는 읽을 수 없을 때는 항상 듣는다. 집안일을 할 때, 이동할 때, 운전할 때. 걸어가면서 책을 볼 순 없고 운전하면서 무언가를 읽을 순 없으니 항상 귀로 듣는다. 출퇴근 시간에는 날씨도 알아야 하고 사건 사고도 들어야 하니 라디오를 듣지만, 그 밖의 시간에는 팟캐스트를 듣는다. 가끔은 시사, 그리고 보통은 독서 팟캐스트. 요즘 즐겨 듣는 팟캐스트는 〈여둘톡〉이다.

    '여자 둘이 토크하고 있습니다', 약칭 여둘톡이라고 불리는 팟캐스트는 애청자가 매우 많다. 책 『여자 둘이 살고 있습니다』로 유명한 김하나, 황선우 두 작가가 광범위한 주제에 대해 이야기하는데 특히 책을 많이 다룬다. 나는 거기서 이옥선 작가의 존재를 알게 되었다.

이옥선 작가는 진행자 중 한 명인 김하나 작가의 엄마인데 1948년생이다. 그녀는 잠깐 교직에 몸담기도 했지만 대부분의 시간을 주부로 살았다. 몇 해 전 먼저 떠난 남편이 시인이었고 딸이 작가라는 것이 좀 특이사항이긴 하지만 어쨌든 본인의 삶은 대부분 일반인이었다. 그런 이력을 가진 사람이 책 『즐거운 어른』을 썼고 1948년생 셀럽이 되었다.

『즐거운 어른』은 현재 여러 번의 재쇄를 찍었고, 작가는 베스트셀러 작가가 되었다.

76년을 평범하게 살아온 사람이 책을 냈을 때에는 마음속에 사는 내내 하고 싶은 말이 있었을 것이다. 76세에 첫 책을 내게 한 동력이 무얼까, 참 궁금했는데 작가는 그것을 서문에서 밝힌다.

김하나, 황선우 『여자 둘이 살고 있습니다』 이야기장수

나이를 먹어야 알게 되는 것들이 있고 나이를 먹어도 포기하기 싫은 게 있는 것을 알았다고. 그리고 젊은 사람들을 대변하는 글들은 차고 넘치지만 그냥 보통 사람으로 나이 든 사람도 뭔가 할 말이 쌓여 있다고. '그냥 주부 노릇을 오랫동안 해 온 나같이 나이 많은 사람'의 할 말을 꺼내 놓았다는 것이 나는 정말이지 멋있어 보였다. 글은 필력도 중요하지만 필력을 넘어서는 것이 글감이라고 한다. 그런데 이렇게 본인의 글감이 마이너리티 하다는 것을 전면에 내세우면서, '그러니 써 볼게'라고 당당히 말하다니. 서문만 보아도 작가의 기백이 느껴졌다.

작가의 말처럼 젊은 사람을 대변하는 글은 참 많다. 그런데 1948년생의 마음을 대변하는 글은 많지 않다. 특히 일반인으로서 나이 든 70대 후반 노년 여성의 말은 희귀하다. 그래서 작가는 글을 썼다고 하는데, 작가의 신념은 내가 지금 쓰고 있는 이 글과도 맥이 통한다. 나는 책을 통해 노년에 주목하는 중이다. 내가 쓰는 글은 아직 많이 쓰이지 않았고 쓰이지 않아 읽은 사람이 많지 않다.

책의 전반적인 분위기는 유머러스하다. 매우 코믹하고 신랄하다. 키득키득 웃음도 나고 호쾌통쾌하다. 좀 세 보이는 면도 있는데 그것조차 당차 보여서 마음에 찬다. 신랄한 촌철살인의 반복이 적당해 보이고 좋아 보였던 데에는 작가의 풍부한 지성과

지식이 큰 몫을 했다. 대문호 톨스토이를 '똘스또이'라 찰지게 발음하며 고전에 대해 평하는 노인, 매일의 루틴이 목욕탕 방문이고 유튜브로 필요한 지식을 흡수한다는 노인, 매력적이지 않을 수가 없다. 이제부터 내 장래 희망은 세 보이는 할머니다.

귀여운 할머니도 좋고 우아한 할머니도 좋지만 나는 세 보이는 할머니도 아주 좋다. 예쁘고 우아한 거 말고 노년에는 강한 거 하고 싶다. 고집불통 노인을 말하는 것이 아니라 능력 있고 지성 있고 당당하므로 강하고 센 노인, 꿈꾸기에 딱 좋은 노년이다.

작가의 여러 가지 철학 중 가장 내 마음에 들었던 것은 '명예로운 할머니'였다. 작가는 자식들을 걱정시키는 것은 엄마로서 명예롭지 못하다고 한다. 그래서 작가는 자식들에게 전화도 잘 안 하고 씩씩하게 산다.

나는 그 단락을 읽으며 몇 번이나 줄을 쳤다. 나는 명예란 것은 군인이나 경찰, 사회적으로 중요한 위치의 누군가가 입에 올리는 단어라고만 생각하고 살았는데, '엄마로서 명예롭지 못하다'라니. 한 사람을 나고 길러 한 명의 인간으로 키우는 내가, 명예롭지 못할 이유가 무언가. 내가 나를, '명예'라는 단어를 입에 담을 대상으로 생각한다는 것이 매우 신선했고, 진심으로 마음에 들었다.

또 하나 기억에 남는 작가의 철학은 본인은 이제 할머니지 엄마가 아니라는 선언이었다. 그러므로 비겁하지 않아도 된다는 선언.

아이를 키우면서 항상 내가 '을'이라고 생각했다. 내 자식의 안위는 세상 그 무엇에 비길 바 없이 최우선이다. 나는 아이를 키우면서 그걸 알았고, 그 마음이 비겁하다는 것도 알았다. 그리고 비겁한 마음을 가져서라도, 조금 비겁한 행동을 해서라도, 내 아이의 안위가 확보된다면 수치심도 견딜 수 있겠다고 생각했다.

이옥선 작가도 자식의 안위를 위해 '유명해지지 말라고' 십수 년 말해 왔으나, 이제는 유명까지는 아니더라도 유능해지라고 말한다. 왜냐하면 이제 본인은 할머니지 엄마가 아니기 때문이다. 이 얼마나 멋진 말인지. 내 자식의 엄마임을 부정하는 것이 아니라, 놓을 수 있는 것들은 놓고 노년의 정체성을 확립했다는 말이다. 자유의지로 엄마라는 짐을 내려놓고 자유를 얻는 것, 너무나 능동적인 노년이다.

나이가 들면 할머니, 할아버지로서의 정체성을 확립해야 한다. 자식은 크면 부모로부터 독립해야 하고, 부모는 자식을 떠나보내야 한다. 나는 내 아이의 유년기 동안을 줄곧 내 엄마에게 기대어 살았다. 내 엄마가 내 아이를 키워 주면서 행복한 일이 정말 많았지만 말 못 할 일도 못지않았다. 분명 기쁜 일이 많았지만 내가 좀 더 독립을 빨리했더라면 어땠을까 자주 뒤돌아

본다. 서로서로 힘이 되고 힘을 주고 살았지만, 실타래처럼 엮여 산 것이 최선은 아니었던 것 같다. 가족이 생기면 독립을 해야 한다. 그래야 비로소 서로로부터 자유로워질 수 있다.

그리고 노년의 취향. 이옥선 작가는 본인의 패션, 음식, 독서, 유튜브, 목욕탕 등 본인의 여러 가지 취향에 대해 소개하는데 그게 또 별미다. 우리가 으레 짐작하는 70대 후반 노년의 그것이 아니어서 그리고 공인의 이야기여서 흥미로웠다.

나는 엄마의 취향에 대해 잘 알지 못하고 엄마의 취향에 대한 호기심도 없다. 엄마의 취향이 궁금하지 않은 것은 나의 잘못된 우월의식 탓이 아닐까. '70대 노인의 취향이라니, 뭐 새로울 게 없겠지.' 내 무의식에 그런 생각이 있을지도 모른다. 40대 후반인 나의 취향이 고급스러워 봤자 얼마나 고급스럽다고, 불과 2~30년 젊은 내가 부모 앞에서 나이로 유세하다니 가소롭기 짝이 없다. 그런데 엄마와 같은 나이여도 셀럽이어서 그런지 작가의 취향은 꽤 많이 신선하다.

먹고 사는 데 급급해 정신없이 살면서 항상 생각했다. 박완서 작가는 마흔에 등단했고 조앤 롤링은 전업 주부로 살면서 글을 썼다고. 나에겐 시간이 많다고. 그런데 1948년생이라니, 마흔의 두 배에 가까운 나이다. 나의 삶을 두고 공상을 하면 안 되겠지만 상상 정도야 할 수 있지 않을까.

내가 작가로서 제2의 이옥선 작가가 될지도 모른다는 즐거운 상상. 그것은 곧 즐거운 어른이 되겠다는 다짐이다. 제2의 이옥선 작가가 되고자 하는 것은 사실 나의 야망이고, 즐거운 어른으로 늙고자 하는 것은 나의 희망이다. 상상이어도 야망이어도 희망이어도 다 괜찮다. 모두 다 바람이고 꿈이니까. 모두 다 어쨌든 노년을 기다린다는 그런 반가운 결론으로 이어지니까.

노년이라는 단어와 기다린다는 단어는 태생적으로 함께 붙을 수 없는 조합인데 그걸 어울리게 만들었다, 이 책이. 이옥선 작가는 대단한 어른이다.

나홀로 노년

노년이고요, 싱글입니다

김희경
『에이징 솔로』
동아시아

내게는 20년 넘게 꾸준히 연락하고 지내는 친구들이 몇 명 있는데, 둘 중 하나는 싱글이다. 어릴 때 어른들은 모두 결혼적령기가 되면 결혼을 했는데 요즘은 아니다. 미디어에서 그리는 모습도 그렇고, 실제 내 주변 사람들도 그렇고, 나는 한국 사회 가족의 형태가 다양해지고 있음을 체감한다.

꽤 긴 기간 친구로 지내려면 성격과 취향이 맞아야 한다. 그리고 서로 안 보면 보고 싶고 오래 보아도 불편하지 않아야 한다. 그리고 사는 곳과 인생 주기가 어느 정도 조화로워야 한다. 일단 얼굴을 보려면 너무 멀리 살아서는 곤란하고, 여가 시간도 대략 맞아야 한다. 서로 완전히 다른 분야의 일을 하는 데다가 만날 시간조차 낼 수 없다면 관계를 지속하기 어렵다. SNS도 접속 시차가 있으면 연결감의 질이 다르다.

또래 친구들에 비해 비교적 일찍 결혼한 나는 아이도 일찍 낳았다. 친구와 지인들이 젊으니까 바쁠 때 나는 육아를 하느라 바빴다. 당연히 공감대는 줄어 갔고 소원해졌다. 아이를 대충 다 키우고 나니 이제 친구들이 결혼을 하고 아이를 낳기 시작했다. 그렇게 인생 주기가 다르게 흘러가는 친구들과는 아직도 여전히 1년에 한 번 만나기가 힘이 든다. 아이는 언제고 갑자기 아프고 아이들의 방학은 꼬박꼬박 돌아오고 그 와중에 집도 멀면 신데렐라 신세인 우리는 기약 없이 반복해서 약속을 연기한다.

하지만 싱글인 친구들은 상대적으로 만남이 쉽게 성사되었다. 육아로 인한 이슈가 나에게만 있으니, 변수가 발생할 확률이 반으로 줄었다. 또한 나는 아이를 일찍 낳았으니, 자유도 일찍 얻었다. 30대 후반에 비교적 시간 관리가 자유로운 직업으로 전업한 것도 큰 변수로 작용했다. 그래서 나는 싱글 친구들과는 끊이지 않고 관계를 지속할 수 있었고, 그래서 비혼 혹은 미혼의 삶을 바로 옆에서 볼 수 있었다. 그리고 나처럼 결혼과 육아로 인한 변수가 없었던 싱글 친구들은 지인들과의 관계 관리에 있어서 나보다 훨씬 더 자유로워 보였다.

나는 이제 중년이 되었고 내 옆의 싱글들은 책 제목에 딱 맞는 '에이징 솔로'가 되었다. 책『에이징 솔로』는 나이 들어가는 비혼 여성에 대한 이야기다.

김희경 작가는 40~64세 비혼 여성 19명을 인터뷰했고, 그들의 말을 곳곳에 실었다. 생생한 목소리가 함께 하는 에이징 솔로에 대한 탐구는 논문인 듯 르포인 듯했다. 비혼 여성의 삶에 대해 이렇게 상세히 살펴볼 일이 없었던 나는, 책을 읽으면서 에이징 솔로에 대해 학습할 기회를 얻었다. 그리고 내 주변의 에이징 솔로를 지금까지와는 다른 시각으로 보게 되었다.

1장 '에이징 솔로가 온다'에서는 먼저 에이징 솔로란 누구인가, 에이징 솔로를 정의하고 관찰하고 분석한다. 2장 '솔로는 혼자 살지 않는다'에서는 에이징 솔로는 누구와 함께 사는가, 에이징 솔로의 사랑, 가족, 우정, 공동체를 말한다. 3장 '홀로 외롭게 나이 든다는 거짓말'에서는 그들의 노년 준비, 죽음 준비를 다룬다. 4장 '한국 사회에 솔로의 자리를 만들기'는 한국 사회에서 에이징 솔로로서 살아남기. 즉 에이징 솔로가 겪는 사회적 제약, 분투기로 마무리 된다.

"언니는 잘 있지? 아직 혼자야? 그럼 혼자 살아?"

시어머니는 항상, 꼬박꼬박, 내 친언니의 안부를 물었다. 결혼하고부터 지금까지 쭉 그랬다. 언니는 에이징 솔로다. 처음에는 그저 사돈처녀의 안부까지 챙기다니, 어머니가 참 정이 많다고만 생각했다. 그런데 그게 전부는 아니었다는 것을 얼마 전에 알게 되었다. 언젠가 언니에게 남자 친구가 생겼다고 알렸을 때, 어머니가 이렇게 말했기 때문이다.

"잘했네, 정말 잘했어. 자식이 있으면 든든하지만, 늙어 혼자 살면 외로워. 같이 살아야 해."

60즈음 남편과 사별해 30년 넘게 혼자 산 어머니는, 사돈처녀가 적지 않은 나이에 혼자 사는 것이 꽤 마음에 걸렸던 것이다. 그래서 그렇게 손녀를 보는 할머니의 마음으로 때마다 사돈처녀의 안부를 물은 것인데, 나는 어머니가 왜 이렇게 언니에게 관심이 큰가, 그저 재미있어하기만 했다.

그날 나는 어머니의 고백을 들은 기분이었다.

'이제야 말하는데 나는 그동안 외로웠어. 너희가 있어서 아주 든든했지만, 든든하다고 해서 외롭지 않은 것은 아니란다. 사돈처녀가 나처럼 쓸쓸하게 혼자 늙지 않게 되었다니, 참말 다행이구나.' 이렇게 말하는 것 같았다.

언니에 대한 어머니의 염려는 외로움에 기인한 것이었다. 하지만 남편과 사별해 혼자가 된 어머니와 지금의 에이징 솔로는 서사가 조금 다르다. 에이징 솔로를 전체로서 이해하자면 이렇다.

어머니 세대의 솔로들에게 없었던 것이 '선택'이라면, 지금 세대의 솔로들에게 없는 것은 '제약'이다. 의도하지 않았는데 어쩔 수 없이 혼자가 되면 외로울 것이다. 하지만 사회적 제약이 줄어든 상황에서 자발적으로 혼자가 되기로 한 에이징 솔로에게는 적어도 외로움이 가장 큰 어려움은 아닐 것이다.

『에이징 솔로』에서 작가는 혼자를 즐기는 마음 즉 '좋은 고독'에 대해 말한다. 현대의 우리는 적절한 고독은 나를 더 나답게 해 줌을 알고, 둘이 산다고 해서 덜 외롭고 혼자 산다고 해서 더 외로운 것이 아님을 안다. 그리고 고독과 고립이 다르다는 것도 안다.

관건은 '에이징'이다. 나이 들어가는 것. 혼자 살면서 아플 때, 아파서 다른 누군가의 돌봄이 필요할 때는 그럼 어떻게 할 것인가. 그래서 에이징 솔로는 적극적으로 고립을 피하고 노력해서 돌봄 품앗이에 소속되기도 한다.

노년에 돌봄 받을 위험은 어찌해도 발생할 일이기에, 미리부터 준비하고 계획하는 것이다. 배우자가 있고 자식이 있는 경우 암묵적으로 돌봄을 기대하고 기대받는다. 하지만 에이징 솔로는 스스로 개척한다. 나는 거기서 생의 자발성과 능동성을 본다.

에이징 솔로의 미래 계획에 사람은 필수적이다. 돌봄 공동체도, 주거 공동체도, 취미를 함께할 친구들 모임도, 모두 다 사람이다.

사람과의 친밀함이 기본이다. 그런데 누군가와 친밀해지려면 함께 노력해야 한다. 끝까지, 끊임없이, 지속적으로. 그것 참 때로 고단하고 때로 번잡할 수도 있겠는데, 그런 생각이 들 때쯤 김희경 작가는 말한다. 친구는 저절로 생기지 않는다고.

노력해서 공고히 하고, 노력의 시간이 쌓인 우정은 오랫동안 빛을 발할 것이다.

얼마 전 만난 61세 지인은 "노력을 해야지요. 적극적으로 움직여서 친구를 만들고, 모임을 만들어야 해요."라고 말했다. 내가 노년에 정말 그렇게 친구가 필요하고 모임이 필요하냐고 물었더니 그녀는 정말 그렇다고 했다. 아니, 반드시 만들어야 한다고 했다. 적극적이지 않고 내향적인 사람은 어찌하냐고 물으니, 그러한 경우라면 나서서 만들 순 없어도 만들어진 모임에 참여할 수는 있지 않느냐고도 했다. 그만큼 사람과의 친밀함이 필요하다는 뜻이겠다.

한편 작가는 말한다. 친밀함의 농도는 사람마다 모두 다르고 본인도 느슨한 공동체를 좋아한다고. 좋은 노년을 위해 타인과의 친밀함은 필수적이지만 그 정도의 방식은 다 제각각이다.

100인 100색이라고, 나에게 적합한 친밀함의 농도는 어느 누구와도 같지 않을 것이다. 그러니 너무 친밀해야 한다는 생각에 매몰될 필요는 없다. 내가 가질 타인과의 친밀함의 정도는 내가 정하고 내가 그에 맞게 행동하면 된다.

노년을 다루는 책을 쓰면서 자주 마음에 걸렸던 부분이 있는데, 나의 세계가 너무 가족 중심이 아닌가 하는 것이었다. 일단 내 주변에도 1인 가구가 꽤 많은데 나는 우리 모두에게 자녀가 당연히 있고, 배우자가 당연히 있다고 전제하고 이야기를 풀어 나가는 게 아닐지. 이를테면 노년기 부모 자녀 간의 갈등, 부모를 돌보는 과정에서 일어나는 형제자매 간의 갈등은 자녀가 없고 형제자매가 없는 가족에게는 일어나지 않을 일이다.

『에이징 솔로』는 그러한 나의 식견의 부족을 조금은 채워 주었다. 이 책을 읽으면서 내가 느낀 것은 '다채로운 솔로의 노년이 온다'라는 것이다.

"모든 행복한 가정은 서로 닮았고, 불행한 가정은 제각각 나름으로 불행하다."라고 톨스토이는 말한다. 가정의 행과 불행에 관한 최고의 명언이라 할 수 있다. 솔로의 삶은 그렇지 않다. 솔로의 삶은 그보다 다채롭고 유연하다. 확실한 건 청년기와 중년기를 혼자서 살아낸 사람은 본인의 노년에 대해서도 믿음이 있다는 것이다. 성공에 대한 믿음이라기보다는 혼자서 살아낸 삶의 축적으로 인해 자기 삶에 대한 데이터가 확보되었다고나 할까.

가족주의 속에서 나고 자라고 늙기 시작한 내가 볼 때, 에이징 솔로는 이데올로기로 보일 만큼 나와 많은 것이 달랐다. 그리고 솔직했다. 에이징 솔로 또한 십수 년간 보아 온 가족주의와 본인들의 삶의 결이 다름을 느낄 것이다.

확실한 건 우리에게 다가올 노년은 지금까지 우리가 봐온 노년과는 많이 다르다는 것이다. 그게 솔로든 커플이든 간에. 일단 알았으니, 다채롭고 조화롭게 그렇게 살면 된다.

나는 내 노년에 충실하되, 내 옆의 노년들도 슬쩍슬쩍 보고 참견도 가끔 해 가면서. 서로의 노년을 함께, 응원해 가면서.

싱글라이프

중년을
읽습니다

권남희
『스타벅스 일기』
한겨레출판

  책을 펼치자마자 큭큭 웃음이 났다. 작가가 일본인 지인에게 요즘 스타벅스에서 일한다고 말했더니, 지인이 접시나 컵을 깨뜨리지 않게 조심하라고 말했다나. 작가는 작업실 대신 스타벅스에 가서 일한다는 말이었는데, 지인은 스타벅스 직원이 되었다는 뜻으로 이해한 것이다. 나는 지하철 안에서 입을 활짝 벌리고 소리 내서 웃으며 생각했다.

  '아, 이 언니. 만나서 같이 수다 떨고 싶네.'

  나중에 책을 읽다가 보니 작가는 매우 내향적인 성향이었고,

그래서 이유 없이 좀 낙심했지만, 글 속에서의 작가는 통통 튀고 재기 발랄하기 그지없었다.

번역가 권남희 작가는 내게 오래된 '셀럽'이다. 내가 재미있게 읽은 책『밤의 피크닉』(온다 리쿠 저, 북폴리오), 『배를 엮다』(미우라 시온 저, 은행나무), 『저녁 무렵에 면도하기』(무라카미 하루키 저, 무라카미 라디오 시리즈, 비채) 등을 번역했고, 마니아층이 있는 에세이 작가이기도 하다. 나는 작가의 책『스타벅스 일기』가 나왔다는 소식을 듣고 '읽고 싶다, 읽고 싶다.' 생각만 하고 읽지는 못하고 있었다. 작가도 중년 나도 중년. 읽고 싶은 책은 산처럼 쌓이는데 중년의 삶은 너무도 바쁘다.

그러던 어느 날 광화문 스타벅스에 갔는데『스타벅스 일기』가 특별 전시회 분위기로 중앙 매대에 펼쳐져 있었다. 와. 스타벅스 안에서 스타벅스 커피를 마시며 읽는 스타벅스 일기라니. 책을 사지 않을 도리가 없었다.

그렇게 자연스럽게 책을 구매하게 된 나는 지하철 안에서 드디어『스타벅스 일기』를 펼쳤다. 햇살이 적당히 따뜻했고 주말 낮이어서 사람도 별로 없었다. 한참을 읽다가 올려다보니, 벌써 내가 내릴 역에 도착해 있었다. 여기저기 인덱스를 붙이고 싶은데 마침 가방에 인덱스가 없었고, 나는 몇 번이나 책을 접어 표시하고 싶은 마음을 참아야 했다.

작가는 매일 스타벅스로 출근한다. 작가는 50대이고 딸은 20대이고 친정어머니는 80대이다. 아마도 50대 중후반일 테니, 완연한 중년이다. 책 속에 자주 나오는 작가의 딸 이름은 '정하'인데, 95년생이고 회사원이다. 책을 한 권 읽는 동안 반복해서 들었더니 나는 이제 정하가 마치 아는 언니 딸 같다. 정하는 이것을 알까 모를까. 엄마의 독자들이 자기를 친한 친구 딸 아니 조카쯤으로 여기면서 애정을 갖고 응원한다는 것. 그것을 혹시 알까.

작가는 빈둥지증후군을 벗어나고자 스타벅스로 출근하기 시작한다. 나에게도 곧 올 빈둥지증후군. 아니, 이미 와 버렸을 수도 있겠다. 아이가 고등학교에 들어가니 아침 일찍 집을 떠나 늦은 밤 돌아온다. 남편이 해외 출장이라도 가면, 대부분의 시간 동안 집은 고요하다. 덕분에 혼자서 글을 읽고 쓸 시간이 많아졌다. 그것은 아주 좋기도, 매우 생경하기도, 꽤 쓸쓸하기도 하다. 좋으면서도 싫은 기분. 점점 더 내 시간이 많아진다. 나는 빈둥지증후군 백신을 맞는 기분이다. 빈둥지증후군을 떨쳐 내기 위해, 작가는 매일 아침 눈을 뜨면 작업 가방을 챙겨 스타벅스로 간다.

그리고 그날의 작업량을 채우고 스타벅스 일기를 쓴다. 때론 일을 하나도 하지 못하고 스타벅스 속 풍경들을 구경만 하는 날도 있는데, 그런 날은 그런 날대로 기록한다. 스타벅스 일기니까. 작가는 스타벅스에서 보이는 것들과 들리는 것들, 그날 마신 음료, 그날의 분위기, 그런 모든 것들을 쓴다.

곳곳에서 킬링 포인트가 발견된다. 에세이게의 '페이지 터너(Page-Turner)'를 발견한 것인가 싶을 정도다. 일기니까, 어두운 이야기 밝은 이야기 재미있는 이야기 슬픈 이야기 모두 있지만 그럼에도 책은 경쾌하고 코믹하다는 잔상을 남긴다. 그게 바로 권남희 작가의 글이 갖는 고유성인데, 삶의 속성이 워낙 그런 것 같기도 하다. 내 삶이야 때로 애잔하고 슬프고 힘들고 난리지만, 완전히 모르는 사람들의 삶은 겉보기에 어찌나 부럽고 안온한지. 한 걸음 떨어져서 보면, 내 삶도 그러하려나.

에피소드들을 읽으며 나는 곳곳에 인덱스를 붙인다. 이래서 책은 사서 읽어야 한다. 사서 읽고, 가져야 한다. 늘어만 가는 도서구입비가 부담스러워 가끔 도서관에서 책을 빌린다. 그럼 그런 책은 또 꼭 너무나 마음에 든다. 책을 읽는 내내 메모하고 싶고 인덱스를 붙이고 싶어 손이 근질거린다. 책 머피의 법칙. 산 책은 첫 장 보고 덮게 되고, 빌린 책은 밑줄이 긋고 싶어 안달이 나고. 그런 함정에 빠지지 않기 위해 나는 어마어마한 권 수의 책을 산다. 내 집은 책으로 발 디딜 틈이 없다.

1년간 작가가 스타벅스에 출근한 기록이다 보니, 글에는 작가의 일상이 고스란히 드러난다. 작가는 주기적으로 나이 든 어머니를 간병하러 병원에 가는데, 치매가 심해진 어머니는 작가를 아줌마라고 부르고 옆 침대 할머니는 작가를 언니라고 부른다. 정신이 하나도 없다. 작가는 그래도 경쾌하게, 병실에 오니 족보가 꼬인다면서 가볍게 한탄한다. 그리고 또 그것도 기록한다.

나이 많은 어머니를 간병해야 해서 병원과 스타벅스를 오고 가는 일상.

어우, 고단하겠다. 내가 그 마음 잘 알지.

그럴 때 작가는 신속하게 스타벅스로 복귀해 초콜릿과 크림이 들어간 프라푸치노를 주문한다. 당 따위, 나트륨 따위 상관없다고 하면서, 그저 마음이 힘들 때 쉴 수 있는 곳이 있음에 안도하면서. 복귀할 곳이 집안일이 쌓여 있는 집이 아니라, 스타벅스인 것은 무척 다행이다. 언제고 우리를 변함없이 위로하는 것은 당과 커피다. 공감하지 않을 수가 없다.

사는 게 팍팍했던 지난겨울, 자동차 시동을 걸자마자 부드러운 기계음이 말했다.

"도로가 결빙되었으니, 주의 운전하세요."

추운 겨울, 일찍 집을 나서며 자고 있는 아이를 위해 밥을 안

치고 나오는 길이었다. 어두운 새벽 나를 염려해 주는 말소리. 이런, AI에게 위로받다니. 그런 날은 나도 출근 전 스타벅스에 들러 평소와 다르게 달콤한 라떼를 마셨다. 쓰디쓴 아메리카노 말고 다디단 라떼. 추운 겨울 커피 한 잔을 마시면 정말이지 순식간에 내 마음 정도는 쉽게 달래진다. 그게 당 따위의 힘인지, 아니면 스타벅스라는 공간의 힘인지 잘 모르겠다.

  나는 소설보다 에세이를 많이 읽는데, 중년의 작가들은 모두 노부모를 간병하느라 마음이 아프고 몸이 아프다. 중년의 작가들은 결혼을 한 사람도 있고 안 한 사람도 있다. 아이가 있는 사람도 있고 없는 사람도 있다. 다 다르다. 하지만 모두 노부모가 있다. 늙은 부모. 그래서 마음이 아프고, 간병해야 해서 본인들의 몸도 아프다. 사실 빈둥지증후군을 겪을 새가 없는 셈이다. 원래의 가족, 원래의 둥지를 돌보기 위해 자주 집을 나서야 하므로.

  『스타벅스 일기』는 계절의 순서로 진행이 되는데 목차 명이 계절 명이다. 프롤로그, 겨울, 봄, 여름, 가을. 그리고 에피소드.

  각 소제목에는 작가가 그날 마신 '오늘의 음료'가 부제목처럼 붙기도 하는데, 그게 또 책이 주는 별미다. 스타벅스로 출근하는 작가는 계절마다 다채롭게 변경되는 계절감을 담뿍 담은 메뉴들을 고루 섭렵하기 때문이다. 그래서 나도 『스타벅스 일기』를 읽으며 먹어 보고 싶은 메뉴를 정말 많이 리스트업 했다.

일단은 권남희 작가가 애정하는 녹차, 그리고 우리 쑥 크림 프라푸치노 위드 콜드브루, 호두 블랙티 라떼, 오텀 로드 애플 블랙티 그리고 또 많은 메뉴를 메모했다. 그런데 메뉴명이 진짜 어렵다. 외울 수는 없지만 확실한 것은, 메뉴명을 읽으면 읽을수록 맛에 대한 상상이 풍부해지고 먹고 싶어진다.

작가도 "스타벅스 신메뉴 음료 설명을 쓰는 분은 나노 단위로 촘촘하고 섬세한 절대 미각을 가졌거나, 시인이 되고 싶었던 사기꾼(?)이지 않을까 싶다."라고 말한다. 나는 또 무릎을 치며 생각한다. 아하! 역시 그런 거였어. 어쩜 이렇게 마셔 보고 싶은 충동이 이는 메뉴명을 매번 만들어 낼 수가 있는 것인지. 이건 거의 사기꾼의 경지가 맞지.

이번 주말에는 작가가 '민트 초코칩 블렌디드'를 마시면서 번역했다는 일본 소설 『꽃다발 같은 사랑을 했다』(사카모토 유지, 구로즈미 히카루, 권남희 역, 아웃사이트)를 읽어야겠다. 빈 둥지에서 외로이 산산함을 느낄 것이 아니라, 당 따위로 사람의 마음쯤은 단박에 위로해 주는 그곳, 스타벅스로 일단 갈 것이다. 그리고 제목만 들어도 사랑이 찰랑거릴 것만 같은 소설 『꽃다발 같은 사랑을 했다』를 읽을 것이다. 그리고 나의 중년을 충분히 누려 봐야겠다.

사람마다 사춘기를 겪어 내고 청춘을 살아 내는 방법이 다르듯, 중년도 노년도 살아 내기에 딱 맞는 자기만의 방법이 있을 것이다. 나는 이 책 『스타벅스 일기』를 읽으며 나에게 어울리는 방법을 찾았다.

일단 나는 나의 고요에 대한 욕망을 채울 것이다. 계획적이고 구조적으로. 그리고 내가 좋아하는 듣기와 읽기와 관찰하기를 할 것인데, 그 모든 것의 목적은 쓰기가 될 것이다.

중년 또한 청춘처럼 한 번 가면 오지 않을 것이 분명하고, 중년에만 할 수 있는 그런 것들이 반드시 있을 것이다. 이를테면 스타벅스로 출근해 스타벅스 일기를 쓰는 것도, 노년의 어느 시점이 되면 시들해지거나 힘들어질 수도 있다. 반드시 중년에 해 봐야 한다.

나는 중년에만 가능한 경험들을 꼭 발견해 낼 것이다. 그리고 중년을 지나 무사히 노년에 도착할 것이다. 그리고 또 노년에는 노년에만 할 수 있는 것들을 발견해 내겠지. 일단 중년부터, 중년부터 탐험해 보자.

성찰

필멸하므로, 반드시 작별하는 우리들 이야기

마거릿 렌클
『우리가 작별 인사를 할 때마다』
을유문화사

"민선아. 엄마가 없어졌네."

시어머니의 장례를 치르고 집으로 돌아오는 길, 남편이 말했다. 엄마가 없어졌다고. 남편은 어머니를 잃은 슬픔을 어머니의 부재를 통해 직접적으로 느끼고 있었다.

어머니가 돌아가시던 날. 그날은 아침부터 밥이 잘 넘어가지 않았다. 소식을 듣고 경황없이 물건들을 챙기고 달려 자동차에 탔을 때, 앞으로 두 시간은 달려서 병원에 도착할 예정이었다. 차에는 물이 없고 나는 입술과 목이 바싹 타들어 가고 언제 가져다 두었는지 모르는 귤이 하나 있길래 까서 남편에게 반 주고 내가 반을 먹었다. 나는 귤이 안 넘어가고 목에 얹히는 경험을 그때 처음 해 봤다.

어머니가 돌아가신 직후 내가 겪은 감정은 그리움이 아니라 우울함이었다. 어머니가 너무 보고 싶고 만나서 이야기 나누고 싶은 그런 감정까지는 차마 도달하지도 못했다. 그냥 나는 뭘 해도 신이 나지 않았다. 나는 원래 평소에 웃음을 흘리고 다니는 사람인데, 어느 것에도 기운이 솟지 않았고 동시에 어디에라도 화낼 준비를 하고 있었다. 나는 얼마간의 시간이 흐른 후 알았다. 이게 바로 슬픔이구나. 아직 어머니의 죽음을 실감하지 못해서 그리워하지 못할 뿐 머리는 어머니가 없어진 것을 알고 있으므로 우울하고 기분이 나빴던 것이다.

그러던 차에 이 책 『우리가 작별 인사를 할 때마다』를 펼치게 되었다. 나는 이 책을 두 번째 읽는 것이었는데, 처음 읽었을 때의 감상은 아름다움이었다. 나는 이 책을 아름다운 책으로 기억했다. 그런데 이번에 읽을 때에는 나는 책을 몇 장 넘기기도 전에 위로를 받아 버렸다. 그 어떤 위로보다 이 책이 주는 위로에 뭔가 단단히 묶여 있던 마음이 풀리는 것을 경험했다.

나에게는 책은 책이라는 물성 자체만으로도 대개 위로가 된다. 하지만 책의 물성으로는 부족한 시기가 있다. 너무 크나큰 슬픔일 때 그러한데, 그럴 때 책의 내용이 위로가 되기란 사실은 어렵다. 그런데 이번에는 위로받았다. 다른 책이 아니라, 이 책이어서다. 자연이 피고 지는 이야기와 작가의 가족들이 피고 지는 이야기가 번갈아 나오는 이 책.

이 책에는 4대의 이야기가 나온다. 책의 시작에 작가 마거릿 렌클의 가계도가 나오는데, 작가가 가장 아래에 있고 제일 위에는 외외증조부모가 나온다. 가족인 그들은 아이의 탄생을 함께 보고 어른의 죽음을 함께 본다.

가족 안에서 아이는 아주 특별한 존재다. 작가는 본인은 가족 안에서 태양이었고, 본인을 둘러싼 어른들은 우주였다고 말한다. 자기가 태양이라는 것을 아이 본인이 깨닫기란 매우 어려운데, 작가는 그때 이미 알았을까? 아니면 육십이 가까운 나이인 이제야 알게 된 걸까.

내 아이는 이제 17세가 되었다. 아직도 우리 가족 안에서 가장 작은 사람인 내 아이. 내 부모와 우리 부부는 17세 아이가 음식을 먹는 것을 아직도 경이로운 눈으로 쳐다본다. 7세도 아니고 17세인 아이의 입으로 음식이 들어가는 것이 그렇게 재미있을 일이 아닌데, 아이는 우리에게 영원히 태양이 될 건가 보다. 나는 아이의 우주가 되려면 더 좋은 사람이 되어야겠다고 다짐한다. 그리고 내 아이의 우주가 되기 위해 내 부모에게도 좋은 딸이 되리라 마음먹는다.

책에는 자연에 대한 단상들, 동물이 죽고 살고 식물이 피고 지는 이야기들이 많이 나오는데 나는 그것들에는 그다지 감흥이 크지는 않았다. 나는 자연 속에서 나고 자라지 않았고 작가가 말하는 장소와 날씨와 동식물들이 꽤 많이 이국적이어서 더욱 그랬다. 하지만 자연의 어떤 소리가 우리를 과거의 어느 때로 데리고 간다는 것에는 매우 동의했다. 사는 것이란 그런 것 같다. 사람의 경험은 모든 감각으로 이루어지므로, 무엇을 자주 만질 때 느꼈던 촉감 또는 자주 맞았던 바람이나 맡았던 냄새 그런 것들이 나중의 나를 만든다. 그러므로 그건 모두, 특히 자연은 온전히 그 사람의 기억이 된다.

책 속 이야기가 진행되고 작가의 가족들의 서사가 진행되면서 누군가는 아프고 누군가는 죽는다. 작가는 외할머니에 대해 이야기한다. 외할머니가 외할아버지 대신 총에 맞았던 이야기와 그 후 가족의 마지막을 돌봤던 이야기. 그 이야기를 하면서 외할머니는 "나는 그들을 건사하고 싶었단다."라고 말한다. 그것은 내가 아주 잘 아는 마음이다.

나도 건사하고 싶다. 늙은 어머니를 건사하고 싶고 나이 든 아버지를 건사하고 싶고 아픈 언니를 건사하고 싶다. 그들은 내가 없어도 잘 지낼 거지만, 그래도 나는 그들을 건사하고 싶다. 내 주변의 사람들을 건사하고 싶은 마음을 '건사욕'이라 할 수 있다면, 나에게 있어 건사욕은 매우 높은 순위의 욕구다. 종종 내 마음 하나 건사하지 못하지만, 남들 건사욕이 매우 크다. 하긴 그래서 '욕(慾)'일 수도. 욕심 또는 욕망이니까.

작가도 그렇다. 작가는 병든 아버지와 어머니를 돌보고 그 와중에 자신의 가족도 돌보며 살던 어느 날 생각한다. '새로운 종류의 성인 상태'로 왔다고. 새로운 종류의 성인이란다. 앞으로 나 역시도 얼마나 새로운 종류의 성인으로 거듭나야 할까. 그 생각을 하면 인생이 마냥 팍팍하다. 작가의 문체가 원래 이렇게 신선한지 아니면 작가와 번역가의 합이 만들어 낸 시너지인지 모르겠지만, 이 책을 읽으며 이런 신선한 표현을 많이 접했다.

하지만 가끔은 단락에서 한두 문장은 뛰어넘고 말하는 느낌이 들었고 어떠한 은유는 단락 내 맥락에도 불구하고 이해되지 않았다. 번역서이기에 발생하는 일이라고만 생각했는데, 다 읽고 나서 작가 소개를 보니 시인이다. 시인이 쓴 에세이여서 이렇게 사색적이고 아름다웠나 보다. 그래서 가끔 내가 행간의 의미를 읽지 못한 것이고 반대로 나만의 행간의 의미를 발견해 내기도 한 것이다.

어쨌든 가족 서사에서 마지막은 돌봄 그리고 죽음이다. 마지막 즈음에 있는 에피소드의 제목은 〈출구가 없다〉였다.

작가는 본인의 아버지, 어머니 그리고 시아버지, 시아머니의 마지막을 돌보고 그들의 죽음을 본다. 그리고 결혼 전 본인의 어머니가 했던 말을 떠올린다. 작가의 어머니는 고아랑 결혼하면 크리스마스에 항상 집에 올 수 있으니 고아랑 결혼하라고 말하곤 했다. 그런데 작가는 그 메시지를 이젠 이렇게 해석한다고 했다. 결혼할 상대가 고아가 아니라면 평생 간호해야 할 부모가 넷이 될 거라는 것을 주지시킨 것이었다고. 이 부분에서는 작가의 나이가 58세임을 고려하고 읽어야 한다. 작가는 결혼을 해서 돌봐야 할 부모가 넷에 이른 나이였다. 작가는 진정 출구 없는 방에 갇힌 기분이었을 것이다.

그나저나 중요한 명절 또는 이벤트에 시댁으로 향하는 것은 서양권도 마찬가지인가 보다. 크리스마스에 딸이 본인에게 올 수 있었으면 좋겠는 진심을, 이렇게 말하는 어머니라니.

언젠가 박준 시인의 에세이를 읽다가, 박준 시인의 아버지가 했다는 말이 나는 두고두고 기억났는데, 이 부분을 읽으며 그 단락이 다시 한번 떠올랐다. 박준 시인이 고3 수능 시험을 앞둔 어느 날 아버지가 방에 들어와서 이런 말을 한다.

수능시험을 보면 대학에 가고 대학에 가면 졸업해 취직을 하고 그럼 결혼을 하고 아이를 낳게 될 텐데, 그 삶은 정상처럼 보이지만 너무 불행하고 고된 일이니 애초에 수능 시험을 보러 가지 않는 게 좋겠다고. 그런 말을 전할 때의 부모는 부모라기보다는 그냥 전우 같다. 세상에 태어나 삶이라는 전쟁을 치러야만 하는 인간군상으로서 하는 말. 너도 그리고 나도. 부모이고 자식이고 좌우지간 우리는 그냥 삶이라는 전쟁을 치르는 군인의 신분 아니더냐, 그러니 얼른 너라도 시작하기 전에 벗어나라. 도망가라. 그런 맥락이 아닐까.

양쪽 부모를 번갈아 돌보느라 힘든 작가에게, 어느 날 동생이 말한다. 그들을 사랑하는 것이 진실이더라도 결말이 어떠한지는 알지 않느냐고. 작가도 안다. 그렇기에 '돌봄의 결말은 자유가 아니라는 것. 돌봄의 결말은 큰 슬픔이라는 것'을 기억하려고 애쓴다.

자식 돌봄의 결말은 '자유'라는 단어로 포장할 수 있다. 이것저것 마음을 접고 접어, 몇 가지의 쓸쓸함과 슬픔들을 외면한다면, 중장년의 외로움을 자유라 말할 수도 있다. 하지만 부모 돌봄의 결말은 포장이 어렵다. 그것은 그냥 슬픔 그 자체다.

책 어딘가에서 부모를 중병으로 떠나보내는 와중에 그리고 보낸 후에, 건강염려증으로 여러 가지 증상을 겪고 검진을 반복하는 작가 본인에 대한 이야기가 나온다. 그리고 나서 작가는 깨닫는다. 작가 자신은 건강하고, 여기저기 아픈 이유는 다만 슬픔 때문이라는 것을.

  작가는 애도 중이었다. 부모의 부재를 슬퍼하는 중이었다. 별것도 아닌 일에 내가 화가 나는 것은, 내가 제일 좋아하는 구두 쇼핑조차 신이 나지 않는 것은, 나는 비통에 빠졌기 때문이다. 나는 부모의 죽음이 슬펐다.

  책 제목『우리가 작별 인사를 할 때마다』는 노래 제목의 일부이고 노래 제목 전체는 이것이다.

  "우리가 작별 인사를 할 때마다, 나는 조금씩 죽어가요."

  우리는 필멸하는 존재이므로, 우리가 작별 인사를 하고 있는 지금 이 순간에도 우리는 조금씩 죽어가고 있을 뿐이다. 슬프지만 그게 삶이다.

통찰

노년이란
무엇인가?

로르 아들레르
『노년 끌어안기』
마음산책

    1950년생인 로르 아들레르는 작가이자 저명한 저널리스트다. 2025년 현재 75세다. 이 책의 제목은 『노년 끌어안기』, 부제는 '삶의 황혼을 거니는 사람의 고백과 통찰'이다. 작가는 노년에 대한 여러 잠언들을 밀도 있게 엮으면서, 노년인 본인의 통찰도 품격 있게 첨가했다.

  책은 1장 '나이 감각', 2장 '나이 경험', 3장 '나이 관념'으로 구성된다. 작가는 차분하게 노년에 대해 정의하고, 나이 드는 것에 대한 설렘도 한껏 보여 주고, 현실을 직시하기도 하고, 노년의 쓸쓸함도 인정한다. 단계가 확연히 구분되지는 않고 맥락에 따라 교차로 나오기도 하는데, 사실 이렇게 관념적으로 노년을 정의한 책이 많지 않기 때문에 시원하고 황홀한 부분이 있었다.

하지만 읽는 것이 조금 허탈하고 힘든 부분도 있었는데, 어쩔 수 없이 노년은 죽음으로 가는 계절의 끝자락이기 때문이었다. 하지만 마무리까지 완벽한 책이었다.

나이 감각에서 나오는 여러 노년에 대한 경구, 단상들은 잠언집 모음이라 해도 될 만하다. 통찰이 매우 우수하고 감각적이어서, 책 속에서 언급된 잠언들을 가지고 지인들과 대화를 나누어 보면 흥미롭겠다는 생각이 들 정도였다.

책의 도입부에 있는 빅토르 위고의 말 "마흔 살은 청춘의 노년이지만, 쉰 살은 노년의 청춘기다."라는 말을 읽자마자 그 말에 도취되었다. 너무 근사하지 않은가. 나는 이 문장을 읽고는 도저히 혼자만 알고 넘어갈 수 없었다. 그래서 지인 몇 명에게 보냈더니 반응이 정말 제각각이었다.

"노년이어도 좋으니 청춘의 노년 하고 싶다." 이건 아무래도 노년이 싫다는 부정 반응. "기대된다." 이건 나처럼 명문에 혹하는, 호기심 많은 이의 긍정 반응. "파이팅" 이건 노년을 체감하지 못하고 관망하는 이들의 반응. 어쨌든 빅토르 위고가 잔잔한 호수에 작은 돌멩이 하나 정도의 반향은 일으킨 듯하다.

나이에 대한 긍정의 시선은 이런 것이다. 노년은 설욕이 가능한 시기, 창의력과 대담성이 허락되는 시기, 새로운 능력이 발견되는 시기, 나이를 먹음으로써 나이로부터 자유로워지는 시기다.

내가 20대 청춘일 때는 술과 노래방이 정말 유행이었다. 나는 친구들과 어울려 술은 곧잘 마셨지만 노래하고 춤추는 건 별로 즐겁지 않았다. 신곡을 알아야 하고 리듬에 취해야 하는 게, 청춘답게 잘 놀아야 하는 게 매우 부담스러웠다. 모든 에너지를 소진한 후 집으로 돌아가는 길 그런 생각을 한 기억이 난다.

'빨리 늙고 싶다.'

노래방에 안 다녀도 괜찮은 나이, 신곡을 몰라도 당당한 나이이고 싶었다. 그런 면에서 나는 지금이 참 좋다. 젊을 때 젊음을 흉내 내느라 많이 피곤했다. 지금의 나는 애써서 나이에 비해 젊은 사람이 되고 싶은 마음이 전혀 없고 그래서 해방된 기분이다. 하지만 노화로 얻는 것이 있다면 잃는 것도 있다.

무탈하게 나이 들어 노인이 된 것 즉 늙는 것은 행운이므로 갈망할 일이지만, 늙음을 체감하면서 살지 않으면 어느 날 갑자기 노인이 된 자신을 발견할 수도 있다. 그러니 자신의 노화를 직시해야 한다. 노화를 외면하면 나이로부터의 자유는 오지 않는다.

저널리스트인 작가는 프랑스인으로서 프랑스 국가의 문제점, 즉 노인들을 다루는 방식과 노인의 존엄을 지키지 못하는 국가를 비판한다. 그런데 내용을 읽으면서 나는 이게 국가의 문제가 아니라 전 지구상의 문제임을 알았다.

프랑스도 마찬가지로 돌봄 노동자는 대개 노인이었다. 여성 노인. 그리고 가장 마지막에 비참해지는 대상도 여성 노인이었다. 노인이 되는 것도 비참한데 여성이어서 더욱 처지가 남루해진다니 참 서글프다. 작가는 사회가 노년을 대상화하면서, 노년 차별과 노년 폭력이 발생하는 점을 지적한다. 그렇다면 당사자인 노인들은 연대해야 하는데, 연대의 시작은 담론이다. 그래서 작가가 이런 책을 쓰게 된 것이다.

노년의 차별에서 벗어나려면 노년의 특권에서도 벗어나야 한다. 즉 노년의 감각을 살려야 한다. 권한으로서 누리는 특권을 의미하는 것이 아니라, 노년이기에 할 수 없다고 믿는 관념적 한계를 벗어나야 한다는 말이다. 여러 가지 새로운 시각이 필요하다. 우리는 노인을 아이처럼 다루는 것을 경계하지만, 노인을 보호할 때는 적극적으로 보호해 주기를 희망한다.

내가 사는 동네의 어느 교차로는 특히 노인들이 무단횡단을 많이 해서 항상 위험하다. 걷는 노인도 위험하고 운전자도 위험하다. 아마 운전자 중에는 노인도 있을 것이다. 무단횡단을 하지 못하게 중앙차선에 가드가 촘촘히 박혀 있지만 노인들은 무단횡단을 멈추지 않는다.

길 전체를 건널목으로 사용한다. 지금은 길바닥에 '노인 보호'라는 글씨가 프린트되어 있다. 이 메시지는 노인이 무단횡단을 할지 모르니 운전자는 조심히 천천히 운전하라는 뜻이다. 나는 이 지점에서 조금 자존심이 상한다. 이것은 노인을 소통 불가의 대상으로 확정한 처사다. 그래서 나는 이런 생각도 한다.

어떻게 하면 이 메시지를 노인들이 읽게 할까. 아니면 노인을 활동가로 고용해서, 무단횡단을 시도하는 노인들을 한 번씩 계도하고 주의를 주고 횡단보도로 건너게 하면 어떨지 생각을 한다. 직접 사람에게 안내를 받고 주의를 받은 경험이 있다면 장기적으로 조금은 달라지지 않을까.

어쩌면 우리에게는 새로운 시선이 필요한지도 모른다. 나이에 대한 유연한 감각 같은 것.

수십 년간 같은 사람이 진행하는 라디오 프로그램을 오랜만에 들었다. 익숙한 목소리의 DJ는 연애 상담 코너를 진행 중이었는데, 그 감각이 너무 젊어서 나는 깜짝 놀랐다. 나는 그사이 결혼하고 아이를 낳고 이제 중년이 되었다. 나는 내 감각이 그런 프로그램을 들으면서 재미를 느끼고 웃기에 적당하지 않다고도 생각했다. 그런데 그게 무슨 상관이람. 나는 나이에 갇혀 있었던 것이다. 심지어 몇십 년째 연애 상담을 하고 있는 DJ가 좀 고여 있는 것 아닌가 그런 생각도 했다. 이제 나는 이렇게 생각한다. 나는 나이에 갇혀 있고, 진행자는 나이로부터 자유롭다.

내가 가르치는 외국인 학생들은 각각의 명사에 어울리는 동사와 형용사를 찾는 것을 어려워한다. 예를 들면 "저는 이 반 학생들 중에서 제일 나이가 많아요."라고 말하고 싶을 때 "저는 이 반에서 나이가 제일 높아요."라고 말하는 식이다. 그럴 때 나는 신선한 해방감을 느낀다.

나는 또 말을 다루는 관점의 변화를 경험한다. 나이가 '많다'라는 표현은 왠지 부끄러운데, 나이가 '높다'라는 표현은 내 위치가 상승한 느낌을 준다. 나이듦과 함께 자연스럽게 예우받는 느낌이랄까. 나이 드는 것이 부끄럽고 창피한 일이 아니라, 사회적 위치가 올라가는 것이다.

형식은 내용을 만든다. 말은 사고를 형성한다. 노년 차별과 폭력, 연대 등에 대해 읽고 생각하면서 나는 시어머니가 죽은 시기, 죽은 날에 대해 생각했다. 어머니는 삼한사온 엄동설한 중 가장 따뜻한 날을 골라 돌아가셨다. 혹한과 혹한 사이, 날이 잠깐 따뜻했던 한 주였다. 나는 그것에 대해 이렇게 해석했다.

"추운 겨울 중에 가장 따뜻한 날을 골라 돌아가신 것을 보면, 항상 본인보다 자식들을 먼저 챙겼던 저희 어머니의 마지막 배려인 것 같습니다."

이것은 내가 조문객들에게 보낸 조의 답례 문자 내용 중 일부다. 난 어머니의 죽음에 대해 조금 감상적인 해석을 했다. 모든 것에 의미를 부여하고 싶은 때였다. 하지만 이것은 노인에게 좋은 시기에 좋게 죽을 것을 기대하는 하나의 폭력이 될 수도 있다. 누가 자신의 죽음, 죽을 날과 죽는 모습을 결정할 수 있을까. 작가도 그 불편함을 지적했던 '선량한 죽음', 그것은 누구를 위한 죽음인가.

책을 읽기 전에 『노년 끌어안기』라는 제목을 나는 이렇게 해석했다. 노인인 당사자가 노년을 받아들여 잘 살다가 잘 죽는 것. 그런 이야기일 거라고. 하지만 책을 다 읽은 지금 나는 이렇게 해석한다. 우리 모든 세대는 노년을 끌어안아야 한다. 즉 작가가 말하고자 하는 것은 노년에 대한 미시적 이해가 아니라 거시적 담론이었다.

좋은 노년을 위해 나와 너를 끌어안는 것이었다.

노년과 영성

종교를 넘어
영성을 생각하는

프랭크 커닝햄
『**나이듦의 품격**』
생활성서사

　『나이듦의 품격』은 일단 글씨가 매우 크다. 나는 안경 없이 편하게 책을 읽으면서 확신했다. 책의 예상 독자층이 확실히 노인이구나. 이 책의 원제는 『Vesper Time(저녁 기도 시간)』이다. 기도라는 단어가 책 제목에 들어가면 확실히 느낌이 다르다. 경건해지는 한편 상상의 폭은 좁아진다. 그리고 독자들에게 종교 서적으로 여겨져서 진입 장벽이 생긴다. 한국어판 책 제목이 『나이듦의 품격』이 된 것에도 그러한 이유를 포함한 여러 가지 이유가 있겠지만, 무엇보다 작가가 책을 쓰면서 말하고자 했던 바가

반영된 것 같다.

작가는 나이듦이 영성 훈련이 될 수 있다고 말한다. 왜냐하면 노년기란 다음 단계가 없는 시기, 마지막 단계이기 때문이다. 노년기에 영성에 대해 생각하지 않는다면, 도리 없이 그냥 죽음에 이르게 된다. 아찔하다.

코로나가 갑자기 시작되었을 때 내 아이는 12세에서 13세로 넘어가고 있었다. 그리고 그 나이는 성당에서 유아 세례와 첫영성체를 받을 수 있는 마지막 나이였다. 교육과 모임과 세례식 등 많은 것이 계획되어 있었지만, 모든 것이 취소되고 연기되고 간소화되었다.

그 시기에 아이는 사회로부터 고립되었다. 학교도 학원도 가지 못하고 친구들도 만나지 못했다. 막막한 날들이 이어지는 와중에 성당이라는 공동체는 매우 큰 힘이 되었다. 목적성이 있고 가족이 함께하는 공동체여서 관리도 통제도 수월했기에 가능한 일이었다. 끊임없이 교육이 연기되고, 종종 온라인으로 전환되고, 만나도 사탕 하나 먹지 못하고 헤어지는 날이 많았지만 그래도 아이를 찾고 부르고 환대하는 공동체에 속한 것은 행운이었다. 그 시절 외로웠던 아이에게 종교는 큰 힘이 되었다.

그리고 나에게도 그랬다. 나는 그때 종교의 쓸모와 종교의 신비로움에 대해 많은 생각을 했다.

이런 식으로 내가 성당에 속하게 되는구나. 이것은 절대 우연일 리 없다. 신이, 절대자가 계획한 것이 이런 식으로 실행되고야 마는구나. 그런 생각은 저절로 들기도 했고 내가 애써 찾아내기도 했다. 코로나 시기는 정말, 종교적이고 영적인 생각을 하지 않고는 지내기 힘든 시기였다.

책은 나이 들면서 경험하는 다섯 가지 경험에 대해 말한다. '기억', '친밀', '쇠약', '감사', '수용'. 두 번째 장 '친밀'에서 작가는 걷기를 통해 발견한 영성 훈련에 대해 설명한다.

친밀함은 사회적 존재인 인간이 행복을 느끼게 되는 본질적 이유이다. 그리고 노년에 이르면 친밀은 더욱 소중하고 생생해진다. 그리고 경험에 의하면 주변인들과의 친밀감이 상승하면 신, 절대자에 대한 친밀감도 상승한다. 그리고 삶에 대한 영적 사고도 긍정적인 방향으로 작동한다.

작가는 걸으면서 발견하는 것들이 대부분 미묘하고 섬세한 것들이라고 말한다. 예전에는 자세히 보지 못했던 꽃과 나무와 변화 그들의 색깔과 향기, 그런 것들을 노년에는 자세히 볼 틈이 생긴다.

나는 바쁘다는 것이 무심함의 이유가 될 때 많이 허탈하다. 바쁘니까 모든 게 용서가 되는 세상. 바빠서 너도 연락 못 하고 살고 나도 연락 못 하고 살고 그러니까 괜찮고. 물론 내가 신경증이 생기지 않고 살아 내는 이유도 바쁘기 때문이다. 어떤 하나의 상황과 사고에 골몰하지 않고 다른 것으로 전환이 되는 것은 아주 다행이다. 바쁘지 않다면 예민한 나는 집착의 집착을 반복하면서 살 텐데. 하지만 바쁘다고 해서 모든 것이 이해를 받는 것도 좋지는 않다. 바쁜 게 좋다고? 바쁜 것은 모든 것을 가볍게 만든다.

그런데 노년이 되어 일에서는 은퇴하고 몸은 쇠약해지고 적당히 한가해져서 하루에 해야 하는 스케줄이 단 하나로 준다면, 그렇다면 비로소 모든 것을 섬세하게 볼 기회가 주어지는 것이다. 나의 주변을 친밀하게 느끼고 타인에게 친밀을 주고 섬세하게 느끼고 본질을 탐닉하고. 작가가 말하는 영성 훈련이란 그런 것이다.

나는 작가가 산티아고 순례길을 걸으면서 했다는 그 과정을 나도 한 번 겪어 보고 싶어졌다. 작가는 산티아고 순례길을 걸을 때 단 7kg의 짐으로 5주를 사는 연습을 하면서 자신에게 필요한 것이 어느 정도인가에 대해 생각하게 되었다고 한다.

나는 이 부분에서 맥시멀리스트인 내 삶을 보게 되었다. 이 글을 쓰기 직전, 편하고 예쁘게 머리를 말리기 위해서라면서 어마어마한 가격의 헤어드라이어를 막 결제한 참이었다.

헤어 스타일링이라니, 내가 그런 것에 신경을 썼던 시기가 있었구나라고 회상하면서 내 무릎, 허리, 치아의 안녕 그런 것들에 골몰하면서 점차 모든 소비의 중심이 내 몸의 안녕을 위한 것들로 넘어가는 시기가 올 것이다. 또는 많은 노인들, 내 시어머니나 내 할아버지와 할머니가 그랬던 것처럼 본인을 위한 새로운 물건의 소비를 절대 거부하는 시기도 올 것이다. 그러니 노년과 함께 달라질 내 소비 생활을 미리 경험해 보면서 영역을 미리 좁히는 것도 좋을 것이다.

다음은 '쇠약'이다. 몸과 마음의 쇠약은 사회 속 내 자리도 다르게 만든다. 노인은 점점 뒤로 물러나고 잊혀지고 소외된다.

내가 30대 중반이었던 어느 날, 엄마 집 앞에서 주차를 하다가 옆 차를 들이받은 적이 있다. 내가 전진을 해야 하는데 후진을 한 것이다. 그때 마침 차 주인은 출근을 위해 차 쪽으로 걸어오는 중이었다. 사고의 처음과 끝을 옆에서 다 지켜본 차주는 화를 내기는커녕 실소하면서 보험사에 전화하라고만 했다. 자신이 5분만 일찍 출근했더라면 사고가 안 났을 거라고 농담도 하면서. 그 후 이런저런 이야기를 할 때마다 엄마는 그 말을 반복했다.

"사고를 낸 게 노인이 아니고 젊은 애여서 그냥 슬쩍 넘어간

거야. 나이 든 사람이 사고를 냈으면 그렇게 부드럽고 유쾌하게 넘어가지는 않았을 거야. 젊은 애가 웃으면서 말하니까, 웃으면서 넘어가는 거지."

지금 생각해 보니 아마 그때쯤 엄마는 본인의 노화와 그로 인한 사회의 달라짐을 강하게 경험하기 시작했던 것 같다. 이제 사람들은 더 이상 본인에게 집중하지 않는다는 사실.

책에도 그런 에피소드가 나온다. 작가의 지인이 40대인 딸과 식당에 갔는데, 식당 주인이 몇 번이나 자기를 없는 사람 취급을 했다고 한다. 그래서 서글펐다고. 딱 그 상황이었을 것이다. 엄마는 어디에 가도 이제 자신보다는 한참 청춘을 지나고 있는 자기 딸에게 집중되는 상황이 낯설고 슬펐을 것이다.

현업에서 물러난 많은 노인들은 더 이상 사회에서 핵심 멤버가 되지 못함을 깨닫고 슬퍼한다. 은퇴로 인해 그들은 필요하지 않은 인력이 된다.

그런데 작가는 이것은 결정의 문제라고 말한다. 고군분투해서 핵심 멤버의 시절을 연장할 것인지 아니면 은퇴자의 삶을 누리고 향유할 것인지. 본질적인 해결을 할 수 없는 문제라면 그 문제를 통해 앞으로 나아가야 한다고. 그렇다면 나는 어떨까?

미리 계획하고 준비해 젊은 노년을 연장할 것인가? 아니면 딱 맞게 은퇴해 은퇴 후의 날들을 즐길 것인가. 어느 쪽이든 간에,

내가 원했던 삶이라면 나는 만족할 것이다. 양쪽 모두 용기가 필요하다.

노년기란 막다른 길이다. 그때의 용기란 자전거를 탈 용기라거나 새로운 음식 조리에 도전할 용기와는 질적으로 다른 용기일 것이다. 삶 모두를 건 용기.

책에는 아주 고통스럽고 슬픈 마지막을 맞는, 그런 상황에 놓인 가족을 돌보면서 함께 고통을 겪는 사람들의 경우를 소개한다.

그들은 짐작과 달리 그 속에서 영적 의미를 발견하고 의미를 찾는다. 그들은 진정으로 불행하지 않다. 작가는 그 부분에 대해서도 이렇게 말한다. 그들은 고통 속에 매몰되는 대신 영적인 선택을 한 것이라고.

고통에 매몰되어 비관과 불행을 선택할 위험을 용기로 이겨낸 그들이다. 거기에는 지혜를 넘어선 영적인 무언가가 필요하다. 그것은 정말 죽기를 각오한 대단한 선택이다. 이야기의 끝에서 작가는 "노년에 들어서면 어떤 특별한 일이 일어난다."고 말한다.

책에서 작가는 인생의 마지막 시기인 노년기에 어떤 영적 사고가 가능한지를 보여 준다. 영성은 비단 가톨릭뿐 아니라 모든 종교에서, 모든 인간의 삶에서 존재하고 다뤄질 수 있는 주제다.

책에서도 가톨릭적인 관념과 사상이 주가 된다기보다는, 영성에 집중한다.

영적인 삶이란 종교가 없더라도 가능하다. 그리고 노년은 그에 대하여 인간 스스로 철학하기에 가장 적합한 시기다.

수록도서

필립 로스, 『에브리맨』, 문학동네
필립 로스, 『아버지의 유산』, 문학동네
박완서, 『너무도 쓸쓸한 당신』 중 「마른 꽃」, 창비
무라이 리코, 『낯선 여자가 매일 집에 온다』, 오르골
장기중, 『사라지고 있지만 사랑하고 있습니다』, 웅진지식하우스
심우도, 『우두커니』, 심우도서
양창모, 『아픔이 마중하는 세계에서』, 한겨레출판
마녀체력(이영미), 『미리, 슬슬 노후대책』, 남해의봄날
이영미, 『마녀체력』, 남해의봄날
이영미, 『마녀엄마』, 남해의봄날
이영미, 『걷기의 말들』, 유유
최진영, 『쓰게 될 것』 중 「디너코스」, 안온북스
이순자, 『예순 살, 나는 또 깨꽃이 되어』, 휴머니스트
이꽃님, 『행운이 너에게 다가오는 중』, 문학동네

사노 요코, 『시즈코 상 : 그럼에도 엄마를 사랑했다』, 아름드리미디어
서민선, 『연애(緣愛)』, 머메이드
사노 요코, 『100만 번 산 고양이』, 비룡소
조승리, 『이 지랄맞음이 쌓여 축제가 되겠지』, 달
주디스 커, 『누가 상상이나 할까요』, 웅진주니어
벨마 월리스 글, 짐 그랜트 그림, 『두 늙은 여자』, 이봄
다비드 칼리 글, 세실리아 페리 그림, 『인생은 지금』, 오후의소묘
박희순 글, 배민경 그림, 『하얀 봉투』, 백화만발
신시아 라일런트 글, 캐드린 브라운 그림, 『이름 짓기 좋아하는 할머니』, 보물창고
윤이재, 『아흔 살 슈퍼우먼을 지키는 중입니다』, 다다서재
이서수, 『엄마를 절에 버리러』, 자음과모음
이서수, 『헬프미 시스터』, 은행나무
이서수, 『몸과 여자들』, 현대문학
다드래기, 『안녕, 커뮤니티』, 창비
이화열, 『서재 이혼 시키기』, 앤의서재
앤 패디먼, 『서재 결혼 시키기』, 지호
이화열, 『지지 않는 하루』, 앤의서재

김형숙, 『도시에서 죽는다는 것』, 뜨인돌
정의석, 『병원의 밥 : 마음의 마음』, 세미콜론
가키야 미우, 『시어머니 유품정리』, 문예춘추사
무라세 다카오, 『돌봄, 동기화, 자유』, 다다서재
김유담, 『돌보는 마음』, 민음사
김훈, 『저만치 혼자서』, 문학동네
신형철 시화(詩話), 『인생의 역사』, 난다
송병기, 김호성, 『나는 평온하게 죽고 싶습니다』, 프시케의숲
윤지회, 『사기병』, 웅진지식하우스
시몬 드 보부아르, 『아주 편안한 죽음』, 을유문화사
에밀 아자르, 『자기 앞의 생』, 문학동네
가키야 미우, 『파묘 대소동』, 문예춘추사

우애령, 『행복한 철학자』, 하늘재
사이토 린, 우키마루 글, 구라하시 레이 그림, 『레미 할머니의 서랍』, 문학과지성사
백지성, 『50, 이제 결혼합니다』, 오르골
전국유료실버타운협회 포푸라샤 편집부, 『사랑인 줄 알았는데 부정맥』, 포레스트북스
전국유료실버타운협회 포푸라샤 편집부, 『그때 짧은 흰머리 지금 아쉬워』, 포레스트북스
마스다 미리, 『딱 한 번만이라도』, 소미미디어
이옥선, 『즐거운 어른』, 이야기장수
김하나, 황선우, 『여자 둘이 살고 있습니다』, 이야기장수
김희경, 『에이징 솔로』, 동아시아
권남희, 『스타벅스 일기』, 한겨레출판
온다 리쿠, 권남희 역, 『밤의 피크닉』, 북폴리오
미우라 시온, 권남희 역, 『배를 엮다』, 은행나무
무라카미 하루키, 권남희 역, 무라카미 라디오 시리즈, 『저녁 무렵에 면도하기』, 비채
사카모토 유지, 구로즈미 히카루, 권남희 역, 『꽃다발 같은 사랑을 했다』, 아웃사이트
마거릿 렌클, 『우리가 작별 인사를 할 때마다』, 을유문화사
로르 아들레르, 『노년 끌어안기』, 마음산책
프랭크 커닝햄, 『나이듦의 품격』, 생활성서사

노년을 읽습니다
나이듦에 대한 인식이 시작되는 순간

초판1쇄 인쇄 2025년 6월 18일
초판1쇄 발행 2025년 7월 1일

지은이   서민선
펴낸이   유상원
펴낸곳   헤르츠나인(상상+모색)
편집인   송태영
디자인   이정아

등록일   2010년 11월 5일
등록번호 상상+모색 제313-2010-322호
주 소   경기도 고양시 일산동구 탄중로344 태영 601동 401호
전 화   070-7519-2939
팩 스   02-6919-2939
이메일   hertz9books@gmail.com
ISBN   979-11-86963-72-2 03810

copyright ⓒ 2025, 서민선
저자와의 협의 아래 인지를 생략합니다. 파본은 구입하신 서점이나 본사에서 교환해드립니다. 책값은 뒤표지에 있습니다. 본 책은 저작권법에 의해 보호를 받는 저작물이므로 무단 전재와 복제를 금합니다.

헤르츠나인은 상상+모색의 출판브랜드입니다.

"이 도서는 2025 경기도 우수출판물 제작지원 사업 선정작입니다"